AF666619

Vérificationnisme et falsificationnisme

Éthique, Politique et Science
Collection dirigée par Lucien AYISSI

Cette collection offre une plage intellectuelle à tous ceux qui sont déterminés à soumettre à la sanction philosophique les questions relatives à l'éthique, à la politique et à la science. En prenant, à travers des publications, part aux divers débats relatifs au devenir des valeurs, au sens du pouvoir politique et au rapport de la science à l'aventure existentielle de l'homme dans le temps et dans l'espace, ils pourront ainsi contribuer au renouvellement d'une infrastructure conceptuelle qui risque de se pétrifier si elle n'est pas constamment revisitée.

Déjà parus

Joseph NZOMO-MOLÉ, *Penser avec Descartes*, 2013.

Charles BIWOLE ATANGANA, *Cameroun. Amorçage raté d'une démocratie promise*, 2013.

Ciriac OLOUM, *Max Stirner, contestataire et affranchi*, 2012.

Serge-Christian MBOUDOU, *L'heuristique de la peur chez Hans Jonas. Pour une éthique de la responsabilité à l'âge de la technoscience,* 2010.

Roger Mondoué et Philippe Nguemeta

Vérificationnisme et falsificationnisme

Wittgenstein vainqueur de Popper ?

Préface du professeur Lucien Ayissi

L'Harmattan

De Roger Mondoué

Nouveaux philosophes et antimarxisme. Autour de Marx est mort *de Jean-Marie Benoist*, L'Harmattan, novembre 2009.

Identités nationales, postcoloniales ou contemporaines en Afrique. Réflexion en hommage aux 50 ans de l'Union africaine, L'Harmattan, octobre 2013.

© L'Harmattan, 2014
5-7, rue de l'Ecole-Polytechnique, 75005 Paris

http://www.harmattan.fr
diffusion.harmattan@wanadoo.fr
harmattan1@wanadoo.fr

ISBN : 978-2-343-04301-2
EAN : 9782343043012

PRÉFACE

En revisitant l'opposition sur le mode de laquelle le vérificationnisme se rapporte au falsificationnisme, les auteurs de cet ouvrage dont l'intérêt épistémologique est avéré, n'ont pas pour dessein de discourir simplement sur deux matrices disciplinaires qui ont, à un moment de l'histoire de la logique et de l'épistémologie, pu s'imposer parce que leur offre méthodologique semblait présenter de meilleurs gages de pertinence.

En s'investissant dans cette réflexion philosophique de type paradigmologique, Roger Mondoué et Philippe Nguemeta n'ont pas pour dessein de procéder à la simple inspection théorique du conflit opposant deux célèbres paradigmes épistémologiques dont « l'affaire du tisonnier » est l'expression la plus emblématique. Le travail de revisitation philosophique auquel ils procèdent, et qui les amène à devoir préalablement effectuer l'archéologie philosophique du vérificationnisme et du falsificationnisme, a pour fin de savoir si Popper a épistémologiquement triomphé de Wittgenstein qui, comme on le sait, a anticipé la critique de l'auteur de *Conjectures et réfutations* par cette fameuse rétractation philosophique au terme de laquelle il substitue à sa première philosophie de la proposition, dont le logicisme et la critique de la métaphysique sont les perspectives épistémologiques, celle des jeux de langage. Autrement dit, suffit-il à Popper de dénoncer les « graves erreurs de doctrine » du positivisme logique, coupable, à ses yeux, d'avoir élaboré une défectueuse philosophie de la proposition qui débouche sur la condamnation sans appel de la métaphysique, aussi bien de ce qui peut s'y apparenter comme l'éthique et l'esthétique, pour se féliciter d'en être le fossoyeur ?

En effet, faut-il le rappeler, la pomme de discorde philosophique qui va finalement opposer Popper à Wittgenstein est la transmutation par ce dernier des questions philosophiques en simples « puzzles linguistiques ». Pour Popper, une telle transmutation fait, sans justification pertinente, l'impasse sur les questions essentiellement philosophiques de nature éthique. La négation de l'existence des problèmes philosophiques au profit des problèmes d'ordre logique et mathématique relève, selon Popper, d'une aberration qui ne se comprend que par le parti pris logiciste de Wittgenstein et de ses épigones du Cercle de Vienne. La réaction orageuse que l'auteur du *Tractatus logico-philosophicus* oppose aux critiques philosophiques de Popper, notamment dans la fameuse « affaire du tisonnier », ne compense pas le déficit d'arguments logiques qu'il doit opposer au défenseur du falsificationnisme. Tant s'en faut.

Ce qui préoccupe principalement les auteurs de cet ouvrage, rappelons-le, c'est de savoir si les critiques formulées par Popper contre le vérificationnisme de Wittgenstein, notamment sur la question relative à l'existence des propositions morales, suffisent à assurer le triomphe épistémologique de son falsificationnisme sur le vérificationnisme.

Avant de répondre à cette question difficile, les auteurs de cet ouvrage ont d'abord établi que l'opposition qui régit le rapport du vérificationnisme au falsificationnisme, et qu'on peut illustrer à travers la fameuse controverse qu'il y a eu entre Popper et Wittgenstein sur l'existence des propositions morales (« l'affaire du tisonnier »), s'explique d'abord par un changement de critériologie : au critère de vérification de Wittgenstein, Popper va préférer le critère de falsifiabilité. À cette préférence va correspondre une différence d'approches ou de méthodes dont la conséquence sera, chez Popper, l'expression de la volonté de se libérer d'une grille d'intelligibilité qui ne lui semblait plus épistémologiquement pertinente. Si l'instrumentalisation par Popper de cette critériologie antinomique par rapport à celle qui était méthodologiquement consacrée par le positivisme logique d'inspiration wittgensteinienne est de réduire ou de prévenir le dogmatisme dont le logicisme est, d'après lui, chargé, elle ouvre la porte au faillibilisme en vertu duquel non seulement il n'y a pas, à proprement parler, de vérité absolue en science, mais aussi qu' « il n'est pas possible de tout justifier par le langage empiriste ». Par conséquent, les positivistes logiques ont eu, selon Popper, tort de croire qu'il pouvait s'établir une nette démarcation entre la science et la non-science. Suivant cette nouvelle approche poppérienne, il va s'imposer en épistémologie la nécessité de reconcevoir les notions de vérité et d'objectivité.

Pour les auteurs de cet ouvrage, « Wittgenstein n'a pas attendu la critique acerbe de Popper pour revisiter son dogmatisme et ensuite l'abandonner ». En critiquant son « ancien mode de philosopher », il a adopté une nouvelle philosophie ayant cette perspective à la fois pragmatiste et conventionnaliste par rapport à laquelle se sont élaborées les critiques poppériennes du vérificationnisme.

En s'armant du falsificationnisme pour ruiner le vérificationnisme, Popper aurait-il donc défoncé des portes épistémologiques déjà ouvertes par Wittgenstein ? Il est permis de répondre à cette question par l'affirmative, surtout lorsqu'on prend au sérieux la rétractation philosophique de l'auteur du *Tractatus logico-philosophicus* : si la posture du Wittgenstein tractatuséen est celle d'un logiciste à cheval sur la philosophie de la proposition pour aller en guerre contre la métaphysique coupable d'abriter des énoncés vides ou dépourvus de sens, le second Wittgenstein, celui qui promeut la philosophie des jeux de langage, est plutôt ouvert au postmodernisme.

En soulignant l'intérêt épistémologique de l'autocritique de Wittgenstein, parce qu'elle permet de bien comprendre le passage qu'il effectue de la philosophie de la proposition à celle des jeux de langage, les auteurs du présent ouvrage ont considérablement œuvré à un meilleur accès à l'intelligibilité du rapport du vérificationnisme au falsificationnisme. C'est cette importante contribution épistémologique qui permet également de comprendre que Popper n'a pas tout à fait triomphé de Wittgenstein, compte tenu du fait que ce dernier a soumis son logicisme à un sévère procès de revisitation de nature à rapprocher la nouvelle perspective de sa philosophie des jeux de langage de celle de Popper. C'est ce que les auteurs de cet ouvrage disent précisément en ces termes : « En redonnant ainsi une place de choix au langage ordinaire qu'il avait pourtant rejeté sous le prétexte de son ambiguïté, de son obscurité, Wittgenstein limite une fois de plus la logique symbolique, et surtout il arrache aux partisans du Cercle de Vienne l'arme fétiche du vérificationnisme. »

Étant donné que la dynamique réflexive animée par les auteurs du présent ouvrage s'ouvre aussi sur celles qui ont porté sur les problèmes de pertinence du falsificationnisme poppérien tel qu'il a notamment été revisité par Feyerabend, Kuhn ou Lakatos, sa valeur épistémologique ajoutée n'est plus à établir. L'actualité conceptuelle d'une telle dynamique réflexive se vérifie par son articulation aux problématiques portant sur la question de la rationalité scientifique, la place de la méthode dans la recherche et la nature des rapports que la science entretient avec la métaphysique dans le procès d'intelligibilisation du réel.

Lucien AYISSI

Chef du département de philosophie
à l'université Yaoundé-1

INTRODUCTION

En cette heure d'inflation de l'obscurantisme ouvertement assumé par certains mouvements philosophiques postmodernistes et spécifiquement encouragé par des extrémismes religieux, des djihadismes de tous ordres, le philosophe sérieux se veut pèlerin de la vérité. Ainsi, la philosophie s'assimile à la recherche de la vérité, elle n'est pas une entreprise collective, mais l'art de penser par soi-même et non par personnes interposées. Sous ce rapport, être philosophe, c'est accepter le débat, se soumettre à la discussion, accepter le jeu de la contradiction qui est le moteur de recherche de la vérité. Il s'agit donc de débattre et non de combattre, de convaincre et non de vaincre, puisque la vérité naît du choc des idées. Grâce au doute, le philosophe diffère du religieux. Selon Martial Guéroult, « ce doute, pour l'essentiel, s'inspire à peu près toujours des mêmes sentiments : sentiment naïf que la philosophie est comme la science, et que, la seule science valable étant la plus récente, la seule philosophie valable doit être aussi la plus récente ; sentiment naïf que, puisqu'elle sort de l'acte libre d'une réflexion autonome, plus ou moins géniale, toute philosophie n'est possible que par le reniement, voire l'ignorance, des doctrines passées. » [1] Les constantes du discours philosophique telles que le désir de connaître et l'exigence de vérité, l'esprit critique, signalent à suffisance que l'activité philosophique n'est pas l'art d'ergoter encore moins la mise sur pied d'un fondamentalisme doctrinal.

La philosophie exige de celui qui s'y exerce un courage semblable à celui du prisonnier qui s'engage à sortir de la

[1] M. Guéroult, « Le problème de la légitimité de l'histoire de la philosophie », in *La philosophie de l'histoire*, Paris, Vrin, 1956, p. 45.

caverne de Platon. Comme l'atteste Joseph Ndzomo-Molé, la chose la plus difficile à laquelle la pensée est confrontée, c'est sans doute la pensée qui se pense elle-même[2]. Par ailleurs, la philosophie ne naît pas *ex nihilo*, elle possède une histoire indéniable. En effet, l'histoire de la philosophie et ses multiples doctrines nous amène à croire qu'elle peut être étudiée sous l'angle de l'histoire des polémiques. Il est loisible de constater que les philosophies passées sont en général le lieu par excellence des oppositions qui se résolvent souvent à des « meurtres », voire à la confrontation entre deux ou plusieurs auteurs, les uns étant rangés contre les autres suivant leurs chapelles respectives. C'est dans cette perspective qu'il faut situer les épistémologies de Ludwig Wittgenstein (1889-1951) et de Karl Raimund Popper (1902-1994).

En revenant spécifiquement à ce qu'on a appelé « l'affaire du tisonnier » qui opposa vigoureusement Wittgenstein à Popper, nous avons voulu savoir qui a triomphé de l'autre, ce d'autant plus que de l'issue de ce « combat » aura dépendu la postérité de l'épistémologie.

En effet, Wittgenstein a situé son analyse du langage dans la facticité. L'enjeu de son approche est de débarrasser la philosophie des pièges du langage qui, à ses yeux, doit se réduire à la représentation des faits. Le vérificationnisme décide alors que le critère de démarcation entre science et non-science, c'est l'analyse logique du langage. Cette doctrine, qui est davantage une méthode propre à ce qu'on désigne sous l'expression « empirisme logique » ou encore « positivisme logique », aura été précédée par l'empirisme de Locke et de Hume, le positivisme de Comte et le logicisme de Frege et de Russell. Elle aura été d'une précursion décisive à l'odyssée du Cercle de Vienne. En plus de soutenir qu'un énoncé a une signification cognitive s'il est

---

[2] J. Ndzomo-Molé, *Penser avec Descartes*, L'Harmattan, 2013, p. 91.

scientifiquement vérifiable, la théorie wittgensteinienne des propositions assigne une nouvelle tâche à la philosophie, caractérisée par la désinvolture à l'égard des énoncés métaphysiques qui résistent à l'assaut de la syntaxe logique. Même si Wittgenstein se détache plus tard de sa première philosophie en rattachant toute sa pensée au paradigme des « jeux de langage », il ne faut pas perdre de vue que c'est sa première philosophie qui est à l'origine de l'orage conceptuel entre Popper et lui.

Le falsificationnisme constitue le rasoir que Popper va effiler contre la barbe de Wittgenstein, surtout que ce dernier avait une influence considérable sur le Cercle de Vienne. La méthode d'essais et erreurs va être opposée à celle de vérification.

On a vu à travers leurs épistémologies que l'esprit ne se trouve jamais dans un état définitif, mais qu'il est emporté dans un mouvement toujours continuel. Seulement, la coupure épistémologique est souvent si violente qu'un penseur peut prétendre avoir eu raison d'un autre. L'orage conceptuel débouche souvent sur de profondes perturbations de la vie émotionnelle. Mais au-delà de l'orage philosophique, nous voulons montrer que la querelle est productrice de savoirs en philosophie. La querelle en philosophie est féconde et fécondante ; elle n'est pas destructrice. L'investigation scientifique est ouverte, puisqu'elle progresse en éliminant l'erreur, voire en intégrant les « similis énoncés », la métaphysique ou les sources extra scientifiques, comme le souligne fort à propos Popper.

Toutefois, lorsque Popper prétend avoir enterré vivant Wittgenstein, alors que dans le même temps ce dernier changeait ses propres vues par sa théorie des « Jeux de langage », n'y a-t-il pas lieu de dire que le fossoyeur a été devancé par son mort ? Lorsqu'on sait que certaines épistémologies critiques du poppérisme (antifondationalisme et anarchisme) ont éprouvé une forte sympathie pour le « second Wittgenstein », et que, par ailleurs, certaines critiques de Popper rendent plutôt compte des thèses du vérificationnisme, ne convient-il pas de considérer le post-poppérisme tout simplement comme du néo-wittgensteinisme ? En fin de compte, Wittgenstein n'est-il pas le véritable vainqueur de Popper ?

PREMIÈRE PARTIE

Tripartition des propositions et vérificationnisme

John Stuart Mill disait : « *La proposition est le premier objet qui se présente sur le seuil même de la science logique.* »[3]

En fait, on n'imagine pas d'ouvrage sérieux de logique sans une place de choix accordée au traitement de la proposition quant à sa nature, sa structure, sa fonction ou sa finalité. L'œuvre de Wittgenstein est assez illustrative à cet égard, car des *Carnets*, premier ouvrage que le logicien autrichien rédigea, à celui qu'il acheva d'écrire deux jours avant sa mort et qu'il intitula *De la Certitude*, c'est l'étude de la proposition qui constitue la base de toutes ses investigations logico-philosophiques.

> « *La tâche principale que je me suis fixée,* confesse-t-il, *est de parvenir à expliquer la nature de la proposition.* [...] *Moi-même je n'écris ici que des propositions.* »[4]

La question inévitable est alors la suivante : qu'est-ce que la proposition ?

Selon André Lalande, la proposition est « *Un énoncé verbal susceptible d'être dit vrai ou faux ; et par extension,*

---

[3] J. S. Mill, *Système de logique déductive et inductive. Exposé des principes de la preuve et des méthodes de recherche scientifique*, trad. L. Peisse, Paris, P. Mardaga, t. 1, 1988, p. 45.

[4] L. Wittgenstein, *Carnets* (1914-1916), trad. G.-G. Granger, Paris, Gallimard, 1971, p. 18.

un énoncé algorithmique équivalent à un énoncé verbal de ce genre, par exemple a = b. »[5]

Cette définition s'inscrit dans un double registre : celui de la logique classique qui a une conception apophantique de la proposition, au sens aristotélicien d'un énoncé pouvant être dit vrai ou faux ; et celui de la logique moderne qui traite la proposition comme une fonction de vérité, analysable au moyen des symboles mathématiques.

Gilbert Hottois [6] a soutenu que le *Tractatus Logico – Philosophicus*[7] de Ludwig Wittgenstein constitue l'exemple type pour une étude de la logique contemporaine et par ricochet des propositions. En effet, voici comment le logicien autrichien définit la proposition :

> *« Je conçois la proposition – ainsi que Frege et Russell – comme fonction des expressions contenues en elle. [...]*
>
> *(La proposition elle-même est une expression.) L'expression est tout ce qui étant essentiel pour le sens de la proposition constitue ce que les propositions peuvent avoir en commun.*
>
> *L'expression caractérise une forme et un contenu.* »[8]

C'est dire que la proposition est une fonction de vérité pouvant servir de base à la construction d'autres propositions. C'est ainsi que Wittgenstein a pu concevoir une forme générale de la proposition qui est : *« Il en est ainsi »,* exprimée algorithmiquement par $[p,\bar{\varepsilon},N(\bar{\varepsilon})]$ [9], où P désigne toute proposition élémentaire ; ε désigne toute variable propositionnelle ou toute proposition composée dont les

---

[5] A. Lalande, *Vocabulaire technique et critique de la philosophie*, Volume 2, Paris, PUF, édition de 1999, p. 608.

[6] Gilbert Hottois, *Penser la Logique*, Bruxelles, De Boeck Université, 1994.

[7] L. Wittgenstein, *Tractatus Logico-Philosophicus*, suivi de *Investigations Philosophiques*, trad. P. Klossowski, Paris, Gallimard, 1961.

[8] *Ibid.*, 3.31 et 3.318, pp. 40-41

[9] *Ibid.*, 6, p. 88.

valeurs sont des propositions ; $\boldsymbol{N}$ (ε) est la négation logique de toute proposition composée.

Néanmoins, en estimant que le *Tractatus* suffisait à caractériser la logique contemporaine, Gilbert Hottois a négligé deux faits importants. En effet, cet ouvrage de Wittgenstein se situe essentiellement dans la trajectoire moderniste. Il nous semble que si Hottois s'était affranchi des cadres du *Tractatus* et avait cheminé avec le Wittgenstein des *Investigations Philosophiques*, il aurait compris que le penseur viennois avait développé une nouvelle théorie de la proposition propre au paradigme postmoderniste, notamment avec la théorie des « Jeux de langage ». Notre auteur est formel à ce sujet lorsqu'il dit :

> *« Nous reconnaissons que ce que nous nommons « proposition », « langage » n'est point l'unité formelle que j'imaginais, mais la famille de structures plus ou moins apparentées entre elles [...] Le préjugé de la pureté de cristal ne peut être écarté que si nous faisons tourner toute notre conception. (On pourrait dire : la conception doit tourner, mais axée sur notre authentique besoin.) »*[10]

Ce changement de paradigme de la proposition, en la considérant désormais comme une « structure de familles apparentées », c'est-à-dire comme un « jeu de langage », inscrit de facto Wittgenstein dans une perspective postmoderniste. Et d'ailleurs, la plupart des partisans farouches de la rationalité postmoderne célèbrent le Wittgenstein de l'après-*Tractatus* : Feyerabend, Lyotard, Rorty. Nous y reviendrons dans la partie terminale de l'ouvrage.

Pour l'instant, examinons la conception wittgensteinienne du sens de la proposition dans ses contours et dans sa profondeur, d'autant que c'est sur elle que va s'adosser le vérificationnisme.

---

[10] L. Wittgenstein, *Investigations Philosophiques*, *op. cit.* p. 164.

CHAPITRE 1

Du sens des propositions

Dans le *Tractatus logico-philosophicus* et même dans l'écrit antérieur auquel on a donné le titre de *Carnets*, Wittgenstein défend résolument le monisme propositionnel. Ce qui signifie que, pour lui, toute proposition n'a qu'une essence fondamentale, une structure unique, une forme générale et un constituant unique qu'il nomme la « variable propositionnelle ». En outre, Wittgenstein n'admet qu'un seul type authentique de proposition, la proposition élémentaire, douée de sens, que l'on ne trouve que dans les sciences de la nature. Selon lui, il n'y a pas à proprement parler de propositions mathématico-logiques et, *a fortiori*, des propositions philosophiques ou religieuses.

A- Essence et structure de la proposition

La nature et la structure de la proposition sont clairement décrites dans le *Tractatus*. Mais elles ne peuvent être sérieusement comprises que si l'on approfondit préalablement l'ontologie qui les présuppose. Cette ontologie prolégoménale se cristallise sous les concepts ou expressions suivants : monde, fait, objet, chose, état de choses, forme logique, espace logique, langage et image ou ''Bild''. Point n'est besoin de revenir sur cette ontologie liminaire qui est largement développée dans l'un des travaux de Roger Mondoué.[11]

[11] Se reporter au récent ouvrage *Penser les représentations*, sous la direction de Lucien Ayissi, Paris, L'Harmattan, 2014, notamment l'article « Le monde comme représentation selon Wittgenstein ».

1. Essence de la proposition : le propositionalisme

Sur un des feuillets de son journal de recherches qu'il gardait toujours par-devers lui pendant toute la Première Guerre mondiale, Ludwig Wittgenstein nous donne des indications précises sur son projet logico-épistémologique : « *La tâche principale que je me suis fixée est de parvenir à expliquer la nature de la proposition.* »[12]

Dans le *Tractatus,* nous avons la meilleure illustration de cette tâche que l'auteur s'est assignée. En effet, nous avons pu y relever 517 occurrences du mot proposition et de notions apparentées. En outre, l'ouvrage est construit autour de 7 propositions mères. Les 6 premières propositions ont chacune des dérivées, elles-mêmes construites sur la base d'un ordre numéral quasi parfait. Un excellent biographe de Wittgenstein comme Bartley III n'a pas manqué de signaler l'intérêt que l'auteur du *Tractatus* portait à la question de la proposition.

> « *Pendant les années qui suivirent immédiatement la guerre,* dit Bartley III, *le manuscrit du Tractatus logico-philosophicus passa tristement d'éditeur en éditeur.* [...] *Wittgenstein avait intitulé le manuscrit « Der Satz » (« la proposition ») et ce n'est que peu avant sa publication que l'ouvrage reçut le titre latin suggéré par E.G. Moore.* »[13]

Nous sommes dès lors en droit de nous demander ce qu'est la proposition, car de la réponse à cette question dépendra la compréhension de l'obstination de Wittgenstein à faire de l'étude de la proposition le nœud gordien de toute sa pensée.

Le *Tractatus* nous offre ces définitions de la proposition :

> *1- « Je conçois la proposition - ainsi que Frege et Russell – comme fonction des expressions contenues en elle.*

---

[12] L. Wittgenstein, *Carnets* (1914-1918), trad. G.G. Granger, Paris, Gallimard, 1971, p. 18.

[13] W. W. Bartley III, *Wittgenstein, une vie*, Paris, Complexe, 1978, p. 43.

2- La proposition est une image de la réalité. La proposition est une transposition de la réalité telle que nous la pensons.

3- La proposition est la description d'un état de choses.

4- La proposition est l'image logique de l'état de choses.

La proposition n'exprime quelque chose que pour autant qu'elle est une image. »[14]

Ces définitions mettent en exergue l'essence picturale, c'est-à-dire référentielle de la proposition. En clair, la proposition est ce grand miroir à partir duquel nous établissons une connexion entre le mot et la chose, entre l'esprit et l'objet, entre l'état de choses et la chose. Car la « réalité » dont il s'agit ici, ce n'est pas le réel dans son empiricité, c'est-à-dire le fait tel qu'il se présente dans sa matérialité ; c'est plutôt un fait dont la forme et la substance sont données dans un espace logique, lequel est construit dans notre esprit. Dans cette visée, la proposition est une expression de notre représentation du monde, étant donné qu'elle est toujours articulée. Le père du *Tractatus* le reconnaît fort bien lorsqu'il affirme :

« (La proposition elle-même est une expression).

L'expression est tout ce qui étant essentiel pour le sens de la proposition constitue ce que les propositions peuvent avoir de commun.

L'expression caractérise une forme et un contenu. »[15]

Le fait que la proposition est une expression légitime son ancrage dans le langage. Mais pour le logicien autrichien, il s'agit plus d'une équivalence que d'un ancrage. En effet, *« la totalité des propositions est le langage.»*[16]

---

[14] L. Wittgenstein, *Tractatus logico-philosophicus*, *op. cit.*, voir aphorismes 3-318 (p.41) ; 4-01 (p. 46) ; 4-023 et 4-03 (pp. 48-49).
[15] *Ibid.*, 3-31, p. 40.
[16] *Ibid.*, 4-001, p. 45.

Ceci signifie que la proposition n'a pas qu'une essence picturale. L'essence picturale se double de l'essence linguistique. De fait, si la proposition est langage, c'est parce qu'elle est capable d'exprimer de façon cohérente et compréhensible pour tous un fait ou un état de choses. Pour Wittgenstein, le langage joue pleinement son rôle lorsqu'il est accessible à tous les sujets en situation de communication et élimine ce faisant les considérations subjectives ou métaphysiques. L'auteur liquide ainsi du même coup le problème du statut du langage privé. Tout langage étant propositionnel, il va sans dire qu'il serait maladroit de chercher à exprimer les faits sur le mode de la subjectivité, le soi, comme nous l'avons vu précédemment, étant disqualifié dans l'univers. Or, l'univers lui-même n'est que l'univers du discours, de la pensée et donc finalement, de la proposition. D'où le propositionalisme, lequel est également mis en relief dans la troisième essence que Wittgenstein assigne à la proposition : l'essence formelle et purement logique. En d'autres termes, la proposition n'est langage et image que parce qu'elle est logique. C'est par elle et dans elle que l'on peut certifier que l'état des choses qu'elle représente est réel ou irréel, positif ou négatif, vrai ou faux.

> *« La réalité doit être déterminée par la proposition soit par « oui » soit par « non ».*
>
> *Pour cela, il faut qu'elle soit intégralement décrite par la proposition.*
>
> *La proposition est la description d'un état de choses. Tel on décrit la réalité d'après ses propriétés internes, telle la proposition décrit la réalité d'après ses propriétés internes.*
>
> *La proposition construit un monde à l'aide d'un échafaudage logique et c'est pourquoi on peut reconnaître à la proposition comment se comporte tout ce qui est logique, quand elle est vraie. On peut tirer des conclusions d'une proposition fausse. »*[17]

[17] *Ibid.*, 4-023, p. 48.

Cette aptitude de la proposition à construire la réalité rend compte du fait que celle-ci est une forme générale de représentation. En clair, le monde ne peut être représenté, pensé ou exprimé tel quel qu'au moyen de la proposition. C'est pourquoi Wittgenstein affirme sans équivoque que

> *« La forme générale de la proposition est l'essence de la proposition.*
>
> *Indiquer l'essence de la proposition c'est indiquer l'essence de toute description, donc l'essence du monde.*
>
> *La description de la forme de la proposition la plus générale est la description du seul et unique signe primitif général de la logique. »*[18]

Le signe général primitif auquel notre auteur fait allusion ici c'est la « proposition élémentaire ». Elle est élémentaire dans la mesure où elle est une fonction de vérité de toutes les autres propositions. En fait, toutes les composées sont construites sur la base de la proposition élémentaire, puisqu'elle est simple, atomique. On comprend ainsi pourquoi

> *« La forme générale de la fonction de vérité est* $[p, \dot{\varepsilon}, N(\dot{\varepsilon})]$*. C'est la forme générale de la proposition. »*[19]

Nous insisterons, le moment venu, sur la signification de chacun des symboles contenus dans l'expression $[p, \dot{\varepsilon}, N(\dot{\varepsilon})]$. Du point de vue du langage verbal, elle signifie : ***« Voici comment les choses sont »*** ou encore ***« Il en est ainsi »***, ou enfin ***« Les choses se présentent de telle ou telle façon.»***[20]

En somme, force est de constater que la nature ou l'essence de la proposition doit se comprendre finalement chez le logicien autrichien moins au sens mythologique ou psychologique qu'au sens logique : elle désigne la forme

---

[18] *Ibid.*, 5.471 et 5.472, p. 75.
[19] *Ibid.*, 4-5, p. 64.
[20] *Ibid.*, 6, p. 88.

primitive de toute proposition possible. Ainsi, les essences picturales et linguistiques sont sous-tendues par l'essence des essences qu'est l'essence logique. Cette subsomption est caractéristique du logicisme de Wittgenstein. Mais la question cruciale est la suivante : de quoi est faite la proposition si c'est à elle qu'échoit la mission de signaler ce qu'il faut dire et de discriminer ce qu'il ne convient pas de dire ?

2. Structure de la proposition

Le principe de compositionalité est au cœur de la théorie wittgensteinienne de la proposition. Ce principe veut que la proposition soit fonction des expressions contenues en elle.

> *« Comprendre une proposition, c'est savoir ce qui arrive, quand elle est vraie.*
>
> *(On peut donc la comprendre sans savoir si elle est vraie).*
>
> *On la comprend quand on comprend ses parties constitutives. »*[21]

Frege et Russell avaient retenu essentiellement deux éléments comme constitutifs de la proposition : la fonction, qui joue le rôle de prédicat et l'argument, qui représente le sujet. Néanmoins, le père du *Tractatus* fait très peu cas de cette distinction. Il se laisse plutôt guider par son nominalisme en soutenant que

> *« La proposition élémentaire consiste en noms. Elle est une connexion, un enchaînement de noms [...]. Le nom n'apparaît dans la proposition que dans le contexte de la proposition élémentaire. »*[22]

D'après ces aphorismes, fonction et argument se réduisent tout simplement à des noms. Or, le nom lui-même est un « **symbole simple** »[23]. Le nom a la faculté de représenter la

---

[21] *Ibid.*, 4.024, p. 48.
[22] *Ibid.*, 4-22 et 4-23, p. 58.
[23] cf. *Ibid.*, 4-24.p. 58.

réalité dont il est la désignation. C'est ici que le nominalisme de Wittgenstein se veut moins militant. Car, dit-il :

> *« On peut décrire, non pas dénommer des états de choses.*
>
> *(Les noms sont pareils aux points ; les propositions à des flèches, elles ont un sens.)*
>
> *Dans la proposition la pensée peut être exprimée de telle sorte que les éléments de la proposition correspondent aux objets de la pensée.*
>
> *Ces éléments je les nomme : « signes simples » et je dis alors que la proposition est : « entièrement analysée ».*
>
> *Les signes employés dans la proposition sont appelés noms.*
>
> *Le nom signifie l'objet. L'objet est la signification du nom. »*[24]

Il est donc loisible de noter que la proposition est une articulation, une connexion de signes ou de noms dont la finalité est de décrire et non de dénommer, de signifier et non de désigner, de représenter et non de présenter. C'est pourquoi elle exprime et la forme et le contenu du monde. Il importe d'identifier à présent les signes qui composent toute proposition.

La structure d'une proposition est ce que l'auteur appelle encore sa « forme logique ». Voici la définition que nous en donne le *Tractatus* :

> *« L'expression est donc représentée par une variable dont les valeurs sont les propositions qui contiennent l'expression. (Dans le cas limite, la variable se transforme en constante, l'expression en proposition).*
>
> *(Je nomme pareille variable « variable propositionnelle »). »*[25]

Dans le cas d'une proposition élémentaire, la variable propositionnelle sera tout simplement le symbole qui est l'expression de la proposition, par exemple p, q ou r.

---

[24] *Ibid.*, 3.144, 3.102 et 3.203, p. 38.
[25] *Ibid.*, 3.313, pp. 40-41.

Par contre, dans le cas d'une proposition complexe ou composée, elle représentera le ***« concept formel »***, qui est à distinguer des concepts proprement dits. Wittgenstein regrette à ce niveau que la « logique ancienne », la logique classique, ait opté pour une telle confusion. Un concept est une forme lorsqu'il représente une variable au moyen des ***« propriétés formelles »*** qui sont elles-mêmes représentées dans la variable propositionnelle. En effet,

> *« L'expression de la propriété formelle est un caractère de certains symboles. Le signe qui désigne les caractéristiques d'un concept formel est donc un trait caractéristique de tous les symboles, dont les significations relèvent du concept.*
>
> *L'expression du concept formel est par conséquent une variable propositionnelle dans laquelle seul ce trait caractéristique est constant. »*[26]

Et Wittgenstein ajoute des explications complémentaires permettant de cerner avec exactitude cette notion révolutionnaire de variable propositionnelle[27].

> *« La variable propositionnelle désigne le concept formel et les valeurs de cette variable les objets qui tombent sous ce concept.*
>
> *Chaque variable est le signe d'un concept formel. Car chaque variable représente une forme constante que possèdent toutes ses valeurs, et qui peut être considérée comme propriété formelle de ces valeurs. »*[28]

La variable propositionnelle postulée par notre logicien va nous permettre d'avoir des éclairages sur la notion de sens,

---

[26] *Ibid.*, 4.126, p. 55.

[27] Signalons qu'avant lui, les études sur la structure de la proposition étaient dualistes. Elles admettaient, avec la logique classique, que la proposition comporte le sujet et le prédicat et, avec la logique moderne, qu'elle est constituée d'une fonction et d'un argument. Wittgenstein sacrifie donc ce dualisme au profit du concept moniste de « variable propositionnelle ». Ce concept légitime, en dernière analyse, ce que nous appelons le propositionalisme.

[28] L. Wittgenstein, *Tractatus*, *op.cit.* 4.127 et 4.1271, pp. 55-56.

qui n'est pas moins importante pour la théorie de la proposition. Et d'ailleurs, Wittgenstein le confirme lorsqu'il déclare : *« Le postulat de la possibilité du signe simple est le postulat de la détermination du sens. »*[29] L'objet de la sous-partie suivante est la détermination du sens de la proposition ainsi que du calcul logique introduit par l'auteur.

B. Sens de la proposition : la tripartition

C'est par une analyse discriminante que Wittgenstein détermine le sens de la proposition. Il distingue les propositions douées de sens, les propositions vides de sens ainsi que des propositions dénuées de sens. Fidèle à sa perspective moniste, il assimile les deux dernières à des pseudo-propositions. Défenseur du propositionalisme, il limite son calcul logique à ce que les logiciens appellent le calcul des propositions. Par cette limitation, il rejette le calcul des prédicats, le calcul des relations et des classes, chers à ses devanciers et maîtres que sont Frege et Russell.

1. Du sens de la proposition en général

Il faut dire d'emblée que l'examen du sens de la proposition est un travail de logique, tel que nous l'avons fait remarquer d'entrée de jeu. De fait, la logique traite de la typologie des propositions. Mais cette opération se double chez Wittgenstein d'un travail d'épistémologie. En effet, c'est cette dernière qui permet l'intelligibilité de la théorie de la connaissance que notre logicien a développée : le positivisme logique.

> *« Le sens de la proposition est son accord et son désaccord avec les possibilités de l'existence et de la non-existence d'un état de choses. »*[30]

---

[29] *Ibid.*, 3.23, p. 39.
[30] *Ibid.*, 6.41,p.103.

Mais l'auteur ajoute en guise de précision que le sens de la proposition ne fait pas partie de la proposition, de même que *« le sens du monde doit se trouver en dehors du monde »*[31]. La proposition « montre son sens », c'est-à-dire qu'elle indique (elle ne dit pas) comment est l'état de choses exprimé. Dès lors, dire qu'une proposition est douée ou pourvue de sens, c'est admettre que son contenu est une représentation affirmative ou négative de la réalité. La réalité existe lorsque le sens de la proposition est positif (le vrai). Cependant, si la réalité que la proposition exprime n'existe pas, on dit que le sens est négatif (le faux).

Autrement dit, affirmer que la proposition montre son sens, c'est reconnaître qu'elle ne contient pas la vérité en elle-même, qu'elle décrit un état de choses possibles qui peut exister ou ne pas exister. Lorsque cet état de choses existe, nous-mêmes nous tirons les conclusions qui s'imposent : nous accordons à la proposition la valeur de vérité vraie. La proposition ne peut par elle-même dire son sens ou encore donner sa valeur de vérité. Toutefois, toute proposition peut-elle avoir ou donner lieu à un sens ?

La réponse de Wittgenstein est claire : certaines propositions seulement sont pourvues de sens (*sinnvoll*). D'autres, par contre, qui sont en fait des pseudo-propositions sont, soit vides de sens (*sinnlos*), soit dénuées de sens (*unsinnig*). En guise d'exemplification, Wittgenstein scrute le domaine des connaissances.

2. Les propositions douées de sens

C'est dans les sciences de la nature que l'on trouve les propositions douées de sens. En fait, les propositions de ces sciences décrivent le monde. Wittgenstein en veut pour preuve la mécanique de Newton et celle de Hertz.

[31] *Ibid.*, 6.42, p.103.

> *« La mécanique de Newton, par exemple, donne à la description du monde une forme unifiée.[...] La mécanique détermine une forme de l'univers, du fait qu'elle dit: toutes les propositions de la description de l'univers doivent être obtenues d'une manière donnée à partir du nombre de propositions données – les axiomes mécanistes. Par là, elle fournit les pierres pour la construction de l'édifice de la science et elle dit : quelque édifice que tu veuilles construire, il faudra que ce soit toujours d'une manière quelconque, au moyen de ces pierres-là et seulement au moyen de ces dernières. »*[32]

En vertu de cette rigueur axiomatique de la mécanique newtonienne, on doit conclure, selon l'auteur du *Tractatus* que

> *« La Mécanique est une tentative pour construire selon un plan unique toutes les propositions vraies dont nous avons besoin pour la description de l'univers. »*[33]

Wittgenstein tient à préciser que la certitude que nous avons dans les sciences de la nature ne dépend pas de l'induction comme certains empiristes ont pu le démontrer. Phénoménaliste à l'image de Hume, il soutient que l'induction est une loi psychologique, voire incertaine. Car

> *« Le processus de l'induction consiste dans le fait que nous admettons la loi la plus simple qui puisse être mise en accord avec nos expériences.*
>
> *Or, ce processus n'a pas de fondement logique, mais seulement psychologique. Il est clair qu'il n'y a pas de raison de croire que dès lors se produirait réellement le cas le plus simple.*
>
> *Que le soleil se lèvera demain est une hypothèse ; c'est-à-dire nous ne savons point s'il se lèvera.*
>
> *La nécessité selon laquelle une chose devrait se produire parce qu'une autre s'est produite n'existe pas. Il n'y a qu'une nécessité logique. »*[34]

---

[32] *Ibid.*, 6.341, p. 99.
[33] *Ibid.*, 6.343, p.100.
[34] *Ibid.*, 6.336, 6.3631 et 6.37, pp. 101-102.

Ainsi donc, seules les lois logiques telles que la causalité, la conservation, la moindre action, le plus petit effet (recensées par Wittgenstein) sont le fondement des explications des phénomènes naturels. Ni les lois naturelles ni les lois psychologiques ou divines ne peuvent permettre d'exprimer le monde. On comprend alors pourquoi Wittgenstein, logiciste jusqu'au bout, décide de remettre en question toutes les cosmologies antérieures :

> *« Toute la conception moderne du monde repose sur l'illusion que les prétendues lois naturelles constitueraient les explications des phénomènes naturels.*
> *C'est ainsi que les modernes s'arrêtent devant les lois naturelles comme devant quelque chose d'intangible, de même que les anciens devant Dieu et le destin. »*[35]

Si les lois logiques sont au cœur de la signification du monde, doit-on alors conclure que les propositions de logique sont les plus authentiques, les plus certaines qui soient ? Lorsqu'on sait que la logique traite du sens et que le sens est en dehors du monde, qu'il se montre tout simplement, serait-il seulement possible qu'une proposition de logique puisse avoir un sens ? La logique ne doit-elle pas être comprise comme étant au-dessus de tout sens si on la pose comme le fondement ultime de tout sens possible ? L'étude de la tautologie et de la contradiction qui sont à l'œuvre dans les énoncés logico-mathématiques aideront à répondre à ces questions brûlantes.

3. Les propositions vides de sens

Afin de simplifier la compréhension de la notion de proposition vide de sens, Wittgenstein donne dans l'aphorisme 4.46 la définition de la tautologie et de la contradiction, ceci à partir de l'examen des « conditions de la contradiction » (vraie ou fausse) de la proposition élémentaire.

---

[35] *Ibid.*, 6.37 n71 et 6.372, p. 102.

« Parmi les possibles groupes de conditions de vérité, il y a deux cas extrêmes.

Dans le premier cas, la proposition est fausse pour la totalité des possibilités de vérités des propositions élémentaires. Nous disons que les conditions de vérité sont tautologiques.

Dans le second cas, la proposition est fausse pour la totalité des possibilités de vérité : les conditions de vérité sont contradictoires.

Dans le premier cas nous nommons la proposition une tautologie, dans le second cas une contradiction. »[36]

Toutefois, c'est un abus de langage, pense notre auteur, que de confondre la proposition (logique) qui est une ***« fonction de vérité »*** avec la proposition tautologique ou contradictoire. Car en réalité :

« La proposition montre ce qu'elle dit, la tautologie et la contradiction montrent qu'elles ne disent rien.

La tautologie n'a point de conditions de vérité, car elle est inconditionnellement vraie ; et la contradiction n'est vraie sous aucune condition.

La tautologie et la contradiction sont vides de sens (sinnlos - comme le point à partir duquel deux flèches divergent en des directions opposées).

Je ne sais par exemple rien au sujet du temps (qu'il fait) lorsque je sais qu'il pleut ou qu'il ne pleut pas). »[37]

Il se trouve pourtant que tautologie et contradiction sont des genres de propositions que nous retrouvons dans les lois logiques.

« Les propositions de la logique sont des tautologies.

Les propositions de la logique par conséquent ne disent rien. (Elles sont les propositions analytiques [au sens où Kant l'entendait]).

[36] *Ibid.*, p. 62.
[37] *Ibid.*, 4.461, p. 62.

Que les propositions de logique soient des tautologies, voilà qui montre les propriétés formelles. Logique du langage, du monde. »[38]

On peut donc clairement expliquer pourquoi la vision wittgensteinienne du monde est logiciste : les propositions représentent l'image du monde, aussi elles ont un sens. Toutefois, ce sens qui est proprement logique se montre. La proposition qui n'est que monstration ne peut être élevée au même statut que celle qui représente, décrit. C'est pourquoi les propositions de logique, qui sont déjà le sens lui-même, ne peuvent pas elles-mêmes avoir un sens : elles sont vides de sens. Néanmoins, dire qu'elles sont vides de sens n'implique pas qu'elles ne servent à rien. D'abord parce que

> *« La tautologie et la contradiction* [...] *ne sont pas des non-sens (unsinnig) ; elles appartiennent au symbolisme, tout comme le « o » au symbolisme arithmétique. »*[39]

Ensuite, comme le note également Wittgenstein,

> *« Les propositions logiques décrivent l'échafaudage du monde, ou plutôt, elles le représentent. Elles ne « traitent » de rien. Elles présupposent que les noms aient une signification, les propositions élémentaires un sens : et c'est là leur connexion avec le monde. Il est clair que le fait que certaines combinaisons de symboles – qui ont un caractère essentiellement déterminé – soient des tautologies doit indiquer quelque chose concernant le monde. C'est là ce qu'il y a de décisif. »*[40]

Cette appréhension de la proposition logique ou de logique est très importante du point de vue épistémologique. Car si l'étude des propositions douées de sens a limité l'horizon de la connaissance véritable aux sciences de la nature, celle des propositions vides de sens ou pseudo propositions est déterminante pour le statut de la logique et de la

[38] *Ibid.*, 6.11 et 6.12, pp. 89-90.
[39] *Ibid.*, 4.4611, p. 62.
[40] *Ibid.*, 6.124, p. 94.

mathématique. Les aphorismes 6.13 et 6.22 suivants le montrent avec clarté :

> *« La logique n'est pas une théorie, mais une image réfléchie du monde.*
>
> *La logique est transcendantale.* [...]
>
> *La logique du monde, que les propositions de logique montrent dans les tautologies, les mathématiques la montrent dans les équations. »*[41]

Les propositions mathématiques sont des équations, et les équations elles-mêmes ne disent rien, puisque ce sont des égalités à établir. Et d'ailleurs, à la fin d'une démonstration mathématique ne trouve-t-on pas souvent cette mention C.Q.F.D. (Ce Qu'il Fallait Démonter) ? Wittgenstein semble donc avoir raison lorsque, toujours fidèle à la perspective logiciste, il fonde la mathématique sur la logique. D'où les précisions suivantes :

> *« Les propositions des mathématiques sont des équations, donc des pseudo-propositions.*
>
> *La proposition des mathématiques n'exprime aucune pensée.*
>
> *Dans la vie en effet ce n'est jamais la proposition mathématique que nous utilisons, en revanche, nous n'utilisons la proposition mathématique* <u>*que*</u> *pour conclure à partir de propositions qui n'appartiennent pas aux mathématiques à d'autres qui également n'appartiennent point aux mathématiques. »*[42]

Les propositions analytiques de Kant avaient l'avantage d'être philosophiques, tandis que les propositions mathématiques étaient synthétiques *a priori*. Or, pour Wittgenstein, les analytiques, qui ne sont propositions que par abus de langage, sont le propre des énoncés mathématico-logiques. Dans une telle démarcation, où se situent finalement les énoncés philosophiques ?

---

[41] *Ibid.*, 6, pp. 96-97.

[42] *Ibid.*, 6.2, 6.21 et 6.211, pp. 96-97.

4. Les propositions dénuées de sens

On peut lire ceci dans l'aphorisme 4.003 du *Tractatus* :

> *« La plupart des propositions et des questions qui ont été écrites sur des matières philosophiques sont non pas fausses, mais dépourvues de sens. Pour cette raison, nous ne pouvons absolument pas répondre aux questions de ce genre, mais seulement établir qu'elles sont dépourvues de sens. La plupart des propositions et des questions philosophiques viennent de ce que nous ne comprenons pas la logique de notre langage.*
>
> *(Elles sont du même genre que la question de savoir si le Bien est plus ou moins identique que le Beau.)*
> *Et il n'est pas étonnant que les problèmes les plus profonds ne soient en somme nullement des problèmes. »*[43]

Pour Wittgenstein en effet, la logique de notre langage veut que nous nous astreignions aux propositions ayant un sens. Malheureusement, cette exigence n'est jamais parfaitement satisfaite, puisque le langage cherche toujours à déborder le cadre du dicible, de la pensée pour embrasser celui de l'indicible. Ceci s'explique par le fait que

> *« Le langage quotidien est une partie de l'organisme humain, et pas moins compliqué que ce dernier. Il est humainement impossible d'en extraire immédiatement la logique du langage.*
> *Le langage travestit la pensée.* [...]
>
> *Les arrangements tacites pour la compréhension du langage quotidien sont d'une énorme complication. »*[44]

Pour échapper à cette défectuosité du langage commun, il sera opportun de concevoir un langage formulaire, un langage des signes, mieux, un symbolisme capable de représenter fidèlement la pensée ou le monde[45]. C'est ainsi qu'une phrase telle que *« Socrate est identique »* est le prototype du non-

---

[43] *Ibid.*, 4.001, p. 46.

[44] *Ibid.*, 4.002, p. 46.

[45] On lira l'article de Roger Mondoué, « La refondation de la logique moderne dans le *Tractatus logico-philosophicus* de Ludwig Wittgenstein », in *Kaliao*, Revue de l'Université de Maroua, Maroua, 2010.

sens que l'on rencontre en philosophie, soutient l'auteur. Est-ce donc à dire que la philosophie, puisqu'elle ne peut rien dire, ne sert à rien ? Faut-il abandonner totalement la philosophie ?

Certes la philosophie s'évade du monde en se confinant au mystique. Elle n'est pas à plaindre, car l'énigme, le mystère ou l'indicible, même s'il ne peut être décrit, se montre.

> *« Il y a assurément, dit Wittgenstein, de l'inexprimable. Celui-ci se montre, il est l'élément mystique. »*[46]

Ainsi, l'éthique et l'esthétique sont proprement métaphysiques, c'est-à-dire mystiques au sens wittgensteinien. Pourtant l'auteur du *Tractatus* signale que la philosophie n'a pas pour fonction le mysticisme. Sa fonction réelle, c'est la **« critique du langage »**. Et pour remplir de plein droit cette fonction, voici la méthode qu'il lui prescrit :

> *« Ne rien dire sinon ce qui se peut dire, donc les propositions des sciences de la nature – donc quelque chose qui n'a rien à voir avec la philosophie – et puis à chaque fois qu'un autre voudrait dire quelque chose de métaphysique, lui démontrer qu'il n'a pas donné de significations à certains signes dans ses propositions. »*[47]

En somme, aux yeux de Wittgenstein, la philosophie doit se limiter à une tâche d'élucidation des propositions[48]. C'est pourquoi son ouvrage, étant un traité de logique et de philosophie, voire de philosophie de la logique, s'achève par l'injonction suivante : « **Ce dont on ne peut parler, il faut le taire.** »[49]

Parvenus au terme de ce chapitre dont l'ambition a été d'exposer la théorie tractatuséenne de la proposition, force nous est de constater que Wittgenstein s'inscrit sans

---

[46] *Ibid.*, 6.522, p. 106.
[47] *Ibid.*, 6.53, pp. 106-107.
[48] Voir à cet *Ibid.*, aphorismes 4.111 et 4.112, p. 52.
[49] *Ibid.*, 7, p. 107.

équivoque et même avec fermeté dans le courant logiciste inauguré par Frege et poursuivi par Russell. Toutefois, il convient de signaler que son inscription dans ce sillage n'est pas le fruit du hasard ou d'une quelconque fatalité. En effet, le père du *Tractatus* connaissait bien Frege dont il avait été l'un des meilleurs élèves. C'est d'ailleurs au vu de son intérêt marqué pour la logique, et particulièrement pour la logique moderne, que Frege lui avait conseillé - et même l'avait confié à – Russell. En outre, Wittgenstein se considérait comme l'« ami » de Bertrand Russell.

Au total, notre exposé du symbolisme logique de Wittgenstein, de son ontologie et de sa conception de l'essence et de la structure de la proposition a cependant montré une différence tranchée entre les « *Principia mathematica* » de Russell et les *Fondements de l'arithmétique* de Frege. Pour l'essentiel, Wittgenstein hérite de Russell la théorie de la description et la théorie des types. La réalité est considérée comme une construction logique. La théorie de la description met l'accent sur un modèle d'élimination des noms propres apparents, des entités superflues dépourvues de tout référent empirique. La théorie des types repose quant à elle sur l'exigence d'empiricité et propose des réponses à la question « A quoi le terme se réfère-t-il dans tel ou tel contexte ? » [50] C'est dans ce référentiel logico-mathématique d'inspiration sensorielle que Wittgenstein va puiser. Le symbolisme logico-mathématique et la thèse du parallélisme logico-physique qu'il propose offrent aux néopositivistes l'arme efficace pour « commettre des actes de pyromanie »[51] contre les énoncés métaphysiques. Telle est l'armature du fameux critère de vérification, fondée sur la sacralisation de la rationalité scientifique, à laquelle

[50] B. Russell, *Histoire de mes idées philosophiques*, trad. Georges Auclair, Gallimard, 1961, p. 83.
[51] E. Bébbé-Njoh, *« Mentalité africaine » et problématique du développement*, Paris, L'Harmattan, 2002, p. 207.

s'oppose Karl Raimund Popper. Le chapitre qui suit examine précisément le dessein du vérificationnisme comme méthode d'analyse.

CHAPITRE 2

Du vérificationnisme comme méthode d'analyse

Beaucoup d'historiens de la philosophie considèrent le vérificationnisme comme cette doctrine philosophique héritée de Ludwig Wittgenstein. Cette doctrine ne déclare recevables que les vérités scientifiques, c'est-à-dire observables, à l'exclusion de toute investigation théologico-métaphysique. Si la philosophie positive est successivement fondée depuis Roger Bacon (1210-1292) sur la codification du monde empirique, sur la valorisation des certitudes de type expérimental ou observationnel, après John Locke et Hume, Wittgenstein a-t-il également contribué à la légitimer ?

A. Le vérificationnisme avant Wittgenstein

La volonté de considérer la base empirique s'est affirmée de plus en plus au XVIIe siècle avec Bacon, Descartes (1596-1650) et Galilée (1564-1642). C'est justement pour cette raison que John Locke critique la théorie des idées innées de Descartes. Pour lui, les hommes étendent leur recherche au-delà de leurs capacités et par conséquent, laissent errer leurs pensées :

> *« Dans ces vastes profondeurs où ils peuvent à coup sûr perdre pied, il ne faut pas s'étonner s'ils soulèvent des questions et multiplient des controverses qui, ne pouvant jamais connaître de claires résolutions, ne sont propres qu'à perpétuer et accroître leurs doutes et à les conforter à la fin dans un parfait scepticisme »*[52].

Dans cette perspective, Locke pense que les hommes utilisent confusément des termes sans prendre la peine de les

---

[52] J. Locke, *Essai concernant l'entendement humain*, trad.fr Jean- Pierre Jackson, Éditions Alive, 2001, p. 41.

examiner, encore moins de préciser ce qu'eux- mêmes ou les autres entendent précisément par là. L'idée désigne d'après lui tout ce qui est l'objet de notre entendement lorsque nous pensons. En ce sens, il serait déraisonnable d'assimiler des vérités à des impressions naturelles et à des caractères innés, alors que nous pouvons remarquer en nous-mêmes des facultés permettant de les acquérir avec une connaissance aussi facile et certaine que si elles étaient originairement gravées dans notre âme. Le chemin par lequel nous parvenons à un savoir quelconque suffit à prouver que ce dernier n'est pas inné. Il n'y a point de principes innés dans l'esprit chez Locke. Avant Locke, l'intention d'édifier une philosophie positive est déjà manifeste chez les auteurs comme Aristote, Bacon et Descartes. La voie tracée par Descartes, le fondateur de la philosophie moderne, suscitera l'intention d'édifier une philosophie positive.

1. L'idéisme et le principe de déduction empirique de Locke

L'idéisme de Locke prolonge la critique que ses prédécesseurs mobilisent contre la superstition et la métaphysique. Locke a surtout hérité de Bacon, Descartes, le projet pour établir le principe de la déduction empirique des idées. L'itinéraire théorique du positivisme et même du vérificationnisme a certes été ébauché par les précurseurs de Locke tels que Bacon, Descartes, Saint-Simon, Copernic, Kepler et Galilée, comme l'atteste Jacques Chevalier[53], mais c'est surtout l'auteur de l'*Essai philosophique concernant l'entendement humain* qui a véritablement posé les bases du positivisme.

C'est à partir du XVIIIe siècle qu'on procède à une réorientation de la connaissance avec John Locke. L'idéisme lockien exclut l'expérience interne et toute volonté de fonder

---

[53] J. Chevalier, *Histoire de la pensée*, tome 4 : *La pensée moderne de Hegel à Bergson*, Paris, Flammarion, 1966, p. 274.

a priori la connaissance. La théorie de la connaissance de Locke telle qu'elle est à l'œuvre dans l'*Essai philosophique concernant l'entendement humain* fait valoir que l'expérience est à l'origine de la connaissance humaine. En véritable penseur empiriste, il combat la théorie cartésienne des idées innées et considère que l'esprit est une feuille vierge sur laquelle rien n'est inscrit à la naissance. Il apparaît que rien ne préexiste dans notre esprit sans la médiation de l'expérience. C'est cette expérience qui fonde toute notre connaissance. C'est pourquoi à la question de savoir comment l'entendement parvient à connaître, Locke répond : « *En un mot, de l'expérience : c'est là le fondement de toutes nos connaissances, et c'est de là qu'elles tirent leur première origine* »[54]. Chez Locke, la connaissance a deux sources : l'expérience extérieure (la sensation) et l'expérience intérieure (la réflexion). Il se dégage également chez Locke le principe de déduction empirique des idées, une dette philosophique que les partisans du logicisme du Cercle de Vienne[55] vont contracter plus tard.

---

[54] J. Locke, *Essai philosophique concernant l'entendement humain*, trad. M.Coste, 5e édition, édité par Emilienne Naert, Paris, J.Vrin, 1989, p. 61.

[56] Groupe formé à Berlin autour de Reichenbach (le *Gesellschaft fur Empirische Philosophie*) : société de philosophie empirique et à Vienne autour de Moritz Schlick, le *Verein* Ernst Mach (groupe Ernst Mach) qui devait devenir en 1929, le Wiener Kreis : Cercle de Vienne. En réalité, il se forme, entre 1920 et 1930, autour du philosophe Moritz Schlick, le Cercle de Vienne. Il inclut les mathématiciens Hans Hahn, Kurt Gödel et Karl Menger, le physicien Philippe Frank, le sociologue Otto Neurath, les philosophes Rudolph Carnap et Victor Kraft et des étudiants en philosophie comme Friedrich Waisman et Herbert Feigl. À la même époque, à Berlin, se forme un groupe de sympathisants animé par Hans Reichenbach, la *Gesellschaft Empirische philosophie*. Au début du siècle, à la fin des années 20, un intense mouvement de va-et-vient mit en contact physiciens et philosophes entre Vienne et Prague. C'est le cas de Mach, Boltzmann, Einstein, Frank, Schlick et Carnap. Cf. Pierre Jacob, *L'empirisme logique*..., Éditions de Minuit, 1980, p. 9.

Encore appelé le principe de priorité des impressions par rapport aux idées, le principe de déduction empirique lockéen considère que nos jugements sont fondés sur l'expérience. L'idée, pour le philosophe anglais, dérive des sensations. Locke reprend ainsi la théorie de la connaissance. On pourrait même parler chez cet empiriste d'une phénoménologie de la sensation au regard de sa critique des notions de substance. Toute idée qui ne dérive pas de la sensation est dépourvue de sens. C'est à une phénoménologie de la connaissance que l'on peut rattacher les divers éléments descriptifs que nous fournit Locke dans son œuvre emblème : *Essai philosophique concernant l'entendement humain.* D'emblée se pose le problème du rapport entre la sensation et la connaissance ou du parallélisme de la connaissance sensible et du langage. L'intérêt de cette nouvelle approche est de mettre à l'épreuve les acquis de la voie analytique. Pourquoi cette articulation du langage à la base sensorielle ? Le modèle de correspondance du langage aux faits cible philosophiquement toute doctrine qui promeut les abstractions métaphysiques comme la substance spirituelle ou matérielle. Pour Locke, la substance à laquelle recourent les métaphysiciens pour rendre compte de la permanence et de l'identité dans l'espace et dans le temps n'a aucun fondement, car elle ne repose sur aucune sensation.

Locke établit un rapport étroit entre l'expérience et le langage. Il trouve que les idées sont des choses, que leur connaissance ne peut se fonder que sur l'expérience, et que les métaphysiciens ont tort de disqualifier. La tradition aristotélicienne imposait déjà que toute substance matérielle soit d'abord « *connue* » par les sens. Locke affirme évidemment la prééminence de l'appréhension sensible sur l'intellection. Dans cette optique, la rencontre du sens avec son sensible provoque la sensation. Il n'y a rien à ajouter pour qu'il ait sensation de l'objet présent. De ce fait, chez Locke, ce n'est pas la seule coprésence des deux éléments : la présentation d'un objet et d'un sujet connaissant qui sont indispensables. Par ailleurs, il faut qu'un rapport langagier soit établi entre la chose matérielle et le sujet connaissant.

En plus du sujet et de l'objet, Locke ajoute un troisième élément qui est le langage. Seulement, ce langage doit pouvoir se vérifier dans la nature. Il affirme en effet que « *les noms de substances sont équivoques par une raison toute contraire. Je veux dire parce que les idées qu'ils signifient sont supposées conformes à la réalité des choses, et qu'elles sont rapportées à des modes formés par la nature* ».[56]

L'idéisme lockien s'oppose ainsi aux abstractions métaphysiques comme la substance spirituelle ou matérielle. Dans cette perspective, l'innéisme cartésien est tout à fait dépourvu de sens, dans la mesure où l'esprit ne peut connaître sans la perception. Il n'y a donc point de «*principes innés dans l'esprit de l'homme*»[57]. Avant les logicistes viennois, Locke fait remarquer que le langage courant et philosophique surabonde d'expressions obscures et incertaines ou d'idées indéterminées, c'est-à-dire celles qui n'ont pas de référents dans l'expérience. Pour Locke,

> *« Celui qui se sert des mots sans leur donner un sens clair et déterminé, ne fait autre chose que se tromper lui-même et induire les autres en erreur ; et quiconque en use de propos délibérés, doit être regardé comme ennemi de la vérité et de la connaissance ».*[58]

Pour remédier à la crise de la signification en philosophie, Locke conseille de vérifier si les termes que nous employons consistent en « *une idée déterminée* », c'est-à-dire sont un certain objet dans l'esprit. Il récuse ainsi le substantialisme et le causalisme.

---

[56] J. Locke, *op. cit.*, p. 385.
[57] *Ibid.*
[58] *Ibid.*, p. 7.

Il ressort de ce qui précède que les principaux ingrédients de nos idées spécifiques sont des qualités sensibles. Dans cette optique, seul le langage scientifique ou communicable est vérifiable. Friedrich Waismann, le premier à avoir formulé le fameux critère de la signification auquel le Cercle de Vienne a été identifié pendant tant d'années, héritera ainsi les ingrédients du critère de la vérifiabilité. Avant lui, David Hume s'est approprié les legs lockéens.

2. Le critère de la vérifiabilité chez David Hume

David Hume emboîte philosophiquement le pas à Locke. L'approche phénoménologique de la connaissance humienne, comme le précise la préface aux *Œuvres philosophiques choisies* de David Hume, est investie d'une mission ou « *méthodologie* ». Il s'agit pour l'auteur du *Traité de la nature humaine*, de retenir l'expérience comme unique socle de la démarche scientifique, de rompre systématiquement avec toute hypothèse présomptueuse et chimérique afin d'instaurer une véritable science de la nature humaine. C'est ainsi qu'il érige la démarche scientifique empiriste de Newton en un absolu méthodologique. Dans ses ouvrages, le philosophe écossais se réfère d'ailleurs au modèle gravitationnel qu'il veut introduire dans l'univers psychologique. Il écrit que l'association des idées est « *une espèce d'attraction qui, trouvera-t-on, a dans le monde de l'esprit d'aussi extraordinaires effets que dans le monde de la nature et qui se révèle sous autant de formes et aussi variées* »[59].

L'empirisme de Hume veut prévenir l'esprit de la folle imagination et le protéger de tout ce qui peut l'enliser dans les « *illusions superstitieuses* ».

---

[59] D. Hume, *Traité de la nature humaine,* Livre I, I, p. 77, *A treatise*, Vol. 1, Book 1, p. 21.

2.1. Hume et la réhabilitation de l'observationnel

Au total, Hume réhabilite l'observationnel en marge de la scolastique décadente du Moyen Âge. La philosophie de Hume appartient au courant empiriste du XVIIIe siècle qui ruine les systèmes métaphysiques classiques. Il est, avec Locke et Berkeley, l'un des principaux philosophes du courant empiriste dont la démarche fondamentale consiste à subordonner la connaissance à l'expérience sensible immédiate. C'est pour cela que la philosophie humienne s'inscrit dans la logique des *matters of fact* et se définit par l'analyse épistémologique des idées. Elle s'appuie et s'appuie entièrement sur l'expérience et la sensation, seules sources de nos connaissances. Il s'agit pour Hume de s'attaquer aux notions de substances matérielles et spirituelles, et de causalité. Au sujet des sources de sa pensée, Hume précise qu'il était un lecteur insatiable. Il a été influencé par les auteurs de la philosophie anglaise moderne tels que Thomas Hobbes, Francis Bacon et John Locke ; des philosophes français comme Pierre Bayle et Malebranche.

S'inspirant de Newton, le projet général de Hume établit qu'une science expérimentale est essentiellement inductive. Celle-ci doit se limiter à la découverte des lois, des relations constantes dont notre raison ne peut pénétrer la nature ultime. L'ambition du philosophe écossais est de « *résoudre toutes les controverses concernant les idées* »[60], « *mettre un terme aux arguties sans fin* » en rapport avec la substance matérielle ou immatérielle, le sujet d'inhérence, etc.[61]

Au regard de ce qui précède, Hume assimile les impressions aux objets, parce qu'elles sont présentatives. Pour Hume, toutes les perceptions de l'esprit sont d'abord des impressions, même si leur réalité n'est pas l'objet de la

---

[60] J. Locke, *op. cit.*, Livre III, chap. II, p. 325.

[61] D. Hume, *Traité de la nature humaine*, Liv. I, IV, p. 322 ; *A treatise*, Vol. 1 ; Book I, p. 222.

connaissance. L'empirisme de Hume, qui est plus exactement un phénoménisme, porte sur les objets extérieurs perçus par les sens. La volonté de reformer la philosophie et la science n'a en réalité d'autre but que de consacrer les funérailles du despotisme théorique de l'aristotélisme assumé par la scolastique. C'est pour cette raison que Hume s'émancipe de l'orientation classique des essentialistes et des substantialistes. Sa thèse fondamentale est que toute idée simple provient d'une impression correspondante. L'ensemble de l'enquête sur la nature humaine a, de manière plus précise, pour objet d'analyser la relation de causalité entre idées et impressions dans tous les domaines en particulier intellectuel, moral et politique.

2.2. Le phénoménisme humien : un logicisme avant la lettre et une arme contre les systèmes métaphysiques

Dans le *Traité de la nature humaine*, tout comme dans *l'Enquête sur l'entendement humain*, Hume assume l'essentiel de la critique lockéenne dans la mesure où il réactualise dans son phénoménisme l'anti-innéisme et l'anti-substantialisme de Locke auxquels il ajoute sa critique de la conception cartésienne du sujet. Du fait qu'il souscrit à l'observationnel, nous pouvons dire que son empirisme préfigure le logicisme. Il considère en effet que l'expérience est le fondement absolu de nos idées et de nos connaissances. Toute réalité ne nous est accessible qu'au travers de la sensation. La méthodologie humienne nous oblige en effet à voir dans la matière, non plus quelque chose de substantiel, mais le nec plus ultra qui doit élever la dignité de la connaissance philosophique en imitant la démarche de la physique newtonienne dans son fondement. Cette approche renforce la thèse de la réalité absolue de la « *matière* », devenue l'unique connaissable et l'unique réel [62]. C'est

[62] *Ibid.*

pourquoi Hume précise que « *nous n'avons d'idées parfaites que de perceptions* »[63].

Pour Hume, les idées abstraites sont par nature vagues et obscures. Tout se ramène à l'expérience, conçue comme étant constituée de perceptions, dont l'enjeu est la rupture d'avec l'en-soi, la dictature de l'imagination ou des croyances magico-religieuses. La méthodologie du phénoménisme humien fonde l'objet de la science à ce qui est donné dans l'expérience, à ce qui peut être soumis à l'observation. C'est pour cela que dans la première section de *l'Enquête sur l'entendement humain*, le philosophe écossais adopte l'idéisme lockien pour montrer que seuls nos contenus de conscience (perceptions) constituent l'objet immédiat de notre expérience. Les perceptions se divisent en deux catégories : les impressions de sensation et les impressions de réflexion qui « *se résolvent en passions et en émotions* »[64]. L'esprit est d'abord impression, sensation, comme pense Michelle Beyssade dans la note de présentation de *l'Enquête sur l'entendement humain.* Le penser repose alors sur le sentir.

La méthode d'analyse du philosophe écossais prévoit en effet que toute idée est déterminée et qu'elle doit pouvoir avoir son référent dans le monde matériel pour être crédible. Contrairement aux philosophes anciens, guidés dans leurs tendances à imaginer des notions pour rendre compte de la permanence, de la stabilité des phénomènes ou de ce qu'ils appellent « *substance in matière originelle et première* »[65], David Hume estime que les qualités occultes sont des expédients philosophiques dépourvus de sens. Pour sortir de « *la conception traditionnelle des philosophes, qui a donné*

---

[63] D. Hume, *Traité de la nature humaine*, trad. Préface et notes, André Leroy, Paris, Aubier Montaigne, t. 1, 1973, p. 324.
[64] *Ibid.*, p. 81.
[65] D. Hume, *Traité de la nature humaine,* p. 310.

jusqu'à présent de si piètres résultats. »[66], chacune de nos idées doit pouvoir correspondre à une impression particulière. C'est ce qu'explicite Renée Bouveresse en ces termes : « *Si l'on ne peut en désigner une, cela confirmera le fait que l'idée est en réalité vide de sens et doit être rejetée* »[67]. C'est sans doute ce qui justifie la hargne de Hume contre la philosophie ancienne et la philosophie moderne qui a cru échapper aux expressions dépourvues de sens en réduisant tout aux qualités premières. D'où cette affirmation:

> *« Nous ne devons pas négliger, en cette circonstance, notre méthode accoutumée d'examiner les idées en considérant les impressions d'où elles sont tirées. Les impressions qui pénètrent par la vue et l'ouïe et par l'odorat et le goût existent, affirme la philosophie moderne, sans qu'il y ait d'objets semblables ; par suite l'idée de solidité qui, admet-on, est réelle, ne peut jamais être dérivée d'aucun de ces sens (...), mais cette manière de penser est plus populaire que philosophique »*[68].

La thèse de la corrélation structurelle avec les faits est déjà à l'œuvre chez Hume. C'est cette thèse de l'isomorphisme du langage avec la réalité qui servira plus tard de fonction critériologique aux vérificationnistes pour décider de l'intelligibilité des idées et des énoncés. L'analyse de la description factuelle fait valoir une entreprise thérapeutique dont le dessein est de traquer les errements du langage. L'impulsion qu'anime le phénoménisme humien est l'aspiration à éliminer tous les obstacles qui entraînent la claire communication du langage. Les véritables idées désignent les copies adultérées des impressions et tirent leur origine des perceptions. Hume exprime clairement son anti-substantialisme en ces termes : « *Puisque toute idée dérive*

[66] L. Levy Bruhl, Préface aux *Œuvres philosophes choisies*, (1912), traduites de l'anglais par Maxime David, t. 1 : *Traité de la nature humaine*, Paris, Félix-Alcan, nouvelle édition, 1930, p. XIII.
[67] R. Quillot-Bouveresse, *L'Empirisme anglais. Locke, Berkeley, Hume*, Paris, PUF, Collection « Que sais-je ? », 1997, p. 79.
[68] D. Hume, *Traité de la nature humaine,* p. 320.

d'une impression antérieure, si nous avons une idée de la substance de nos esprits, nous devons aussi en avoir une impression : ce qui est très difficile, sinon impossible, de penser. Car comment une impression peut-elle représenter une substance autrement qu'en lui ressemblant ? »[69]

Il apparaît clairement que chez Hume, toute idée de substance est rejetée, parce que l'idée de substance n'a pas d'impression correspondante. En ce sens, l'existence de l'ego cartésien est tenue pour présomptueuse et chimérique. Car dit-il,

> *Nous n'avons aucune idée du moi à la manière qu'on vient d'expliquer ici. En effet, de quelle impression pourrait dériver cette idée ? (...) Il doit y avoir une impression qui engendre toute idée réelle. Mais le moi ou la personne, n'est pas une impression, c'est ce à quoi nos diverses impressions et idées sont censées se rapporter*[70].

Selon Hume, l'égologie s'investit dans la quête des qualités premières, des qualités occultes ; elle se laisse gouverner par des fictions ou l'imagination fallacieuse, car elle ne dérive pas des impressions de sensation. À cet effet, Hume donne un conseil efficace pour distinguer un sage, celui qui fonde sa connaissance sur l'expérience et se distingue par conséquent d'un dogmatique qui se laisse entraîner par des présupposés théologiques et métaphysiques. Le profil de l'homme sage est dressé dans la première partie de la dixième section de l'*Enquête sur l'entendement humain* en ces termes :

> *Un homme sage proportionne donc sa croyance à la garantie qu'il en a. Dans des conditions qui se fondent sur une infaillible expérience, il attend l'événement avec le dernier degré d'assurance, et regarde son expérience passée comme une preuve complète de la future existence de cet événement. En d'autres cas, il procède avec plus de circonspection ; il*

---

[69] *Ibid.*, pp. 322-323.
[70] *Ibid.*, pp. 343-344.

pèse les expériences opposées ; il se demande quelle alternative s'appuie sur le plus grand nombre d'expériences : c'est vers celles-là qu'il incolore, avec doute et hésitation ; et quand enfin il fixe son jugement, la garantie qu'il en a n'excède pas ce que nous appelons proprement probabilité[71].

Ce profil philosophique correspond exactement à celui d'un empiriste. C'est ce qui justifie ce commentaire de Lucien Ayissi : « *C'est pour cela qu'à l'instar de Thomas de la Bible, il* (Hume) *ne croit pas aux miracles, car examinés à la fois sous l'angle de la preuve empirique et de la probabilité, les miracles ne sont pas des faits.* »[72]

Si nous avons tenu à présenter les sources de la pensée de Hume et le phénoménisme qui est à la base de sa méthodologie, c'est dans le but de montrer qu'avant le logicisme viennois, il y a eu une préfiguration théorique avec les auteurs comme Locke, Hume et même Wittgenstein. Surtout, la philosophie de Hume aura une incidence sur les philosophies ultérieures, en commençant par Kant, qui déclare dans *Prolégomènes* que « *ce fut l'avertissement de David Hume qui interrompit d'abord, voilà bien des années, mon sommeil dogmatique et qui donna à mes recherches en philosophie spéculative une toute autre direction* »[73].

Le courant logiciste qui naîtra après est d'inspiration humienne. Le phénoménisme de Hume a donc posé les bases du logicisme du Cercle de Vienne à telle enseigne qu'il n'est pas exagéré de penser que Hume est un des précurseurs du Cercle de Vienne. Il suffit, pour s'en convaincre, de déterminer les nouveaux principes méthodologiques qui

---

[71] D. Hume, *Enquête sur l'entendement humain*, 10e section, p. 123.

[72] L. Ayissi, *Le phénoménisme humien comme prolégomènes à la philosophie transcendantale de Kant*, Yaoundé, Presses Universitaires de Yaoundé, 2003, p. 7.

[73] E. Kant, *Prolégomènes à toute métaphysique future qui pourra se présenter comme science*, traduit de l'allemand par J. Gibelin, Paris, J. Vrin, 9e édition, 1974, p. 13.

fondent l'empirisme de Hume. Ces principes méthodologiques critiquent pour l'essentiel les fictions illégitimes de la métaphysique.

Le principe de signification est chez cet auteur le plus déterminant et le plus remarquable. La principale fonction que Hume assigne au langage, c'est la signification. Il en découle une sorte de purification du langage ou de la philosophie que les empiristes logiques vont systématiser plus tard en confortant l'assise observationnelle. Le réalisme scientifique approuvé par Moritz Schlick considère en effet que la vérité d'une proposition n'a d'autre moyen de vérification que l'expérience. Pour Schlick, la connaissance doit se fonder sur les énoncés observationnels qualifiés par Carnap d' « *énoncés protocolaires* ». Cette évidence trouve sa légitimité dans cet exemple qu'il lit dans son « *Baedecker* »[74] : « *cette cathédrale a deux tours* »[75]. Pour être crédible, cette proposition doit être comparée à la réalité, à telle enseigne qu'en regardant la Cathédrale de l'extérieur, qu'on puisse tenir l'énoncé pour vrai. Sous quel éclairage une telle proposition devrait-elle être considérée ? La valorisation de la correspondance factuelle des propositions aux faits telle qu'on remarque ici chez Schlick dérive de David Hume, qui critique, bien avant lui, les discours dépourvus de sens. Il écrit en effet que « *l'obstacle capital à notre avancement dans les sciences morales ou métaphysiques est donc l'obscurité des idées et l'ambiguïté des termes* » [76]. L'évidence de la référence oblige à éliminer les termes inconsistants, ambigus. *L'Enquête sur l'entendement humain* accorde en effet une place importante au critère de signification du langage à travers l'outil logique et le canal de l'expérience. La corrélation entre l'idée et la réalité extérieure

[74] Ce terme signifie livre.

[75] Jan Sebestik et Antonia Soulez (textes réunis et présentés par), *Le Cercle de Vienne, doctrines et controverses,* p. 36.

[76] D. Hume, *Enquête sur l'entendement humain*, p. 81.

dans chaque énoncé vise non seulement à mettre un terme aux confusions et absurdités métaphysiques, mais aussi à éviter que les mots ne soient pris pour des choses et inversement. Cette obsession pour la vérification, déjà présente dans la philosophie humienne et lockéenne, s'observe également chez Comte.

3. L'apport de Comte : le principe de conformité des propositions aux faits

Pour mieux cerner l'apport de Comte dans la constitution du vérificationnisme, il importe de se référer aux principes vérificationnistes qui sous-tendent son positivisme. Les sept principes qui régissent le positivisme tel que conçu par Comte permettent d'établir que cet auteur a largement contribué à l'élaboration du vérificationnisme. Il s'agit d'après Jean-Louis le Moigne du principe ontologique, du principe de l'univers câblé, du principe d'objectivité, du principe de naturalité de la logique, du principe de la logique disjonctive, du principe de moindre action et du principe de l'optimum unique. Notre souci n'est pas d'examiner tous ces principes comtiens. Nous insisterons pour l'essentiel sur l'importance du référent empirique chez Comte. Il propose comme règle fondamentale que nos énoncés se rapportent nécessairement aux faits, car

Toute proposition qui n'est pas strictement réductible à la simple énonciation d'un fait, ou particulier ou général, ne peut offrir aucun sens réel et intelligible (...) Quel que soit d'ailleurs le mode, rationnel ou expérimental, de procéder à leur découverte, c'est toujours de leur conformité, directe ou indirecte avec les phénomènes observés que résulte exclusivement leur efficacité scientifique.

Comte légitime ainsi doctement les critères de son positivisme. Notre activité intellectuelle est motivée, conditionnée par l'expérience ou la réduction des énoncés aux phénomènes. C'est par cette réduction qu'on établit la véracité d'une proposition.

Suivant l'interprétation qu'en fait Lucien Ayissi dans sa thèse de doctorat d'État en philosophie, le principe de conformité des propositions aux faits s'inscrit dans le même registre que le principe de signification. Comme reformulation du principe de signification, le principe de conformité des propositions aux faits établit un parallèle entre le sujet et l'objet. Comte conçoit que le réel existe indépendamment du sujet qui le perçoit. Toutefois, l'observation de l'objet par un sujet ne modifie pas le statut ontologique de cet objet. Auguste Comte, écrit J. Louis Le Moigne, souligne que l'esprit ne doit pas être tenu lui-même pour un objet réel s'exerçant sur lui-même. Le malheur du psychologue est de verser dans le subjectivisme d'après Comte. Aussi consacre-t-il, le « veto du positivisme » sur la psychologie. Mais comment s'opère l'objectivité ?

L'activité scientifique chez Comte est motivée par l'espoir de découvrir les lois des phénomènes telles qu'on en a l'expérience depuis chez Kepler, Newton, Galilée et Bacon. C'est dire que l'ancrage préalable à l'expérience est déterminant dans toute véritable recherche. De ce fait, Comte établit que le caractère fondamental de la philosophie positive est de regarder tous les phénomènes comme assujettis à des lois naturelles invariables, dont la découverte précise et la réduction au moindre nombre possible sont le but de tous nos efforts. En ce sens, on doit considérer comme absolument inaccessible et vide de sens pour nous ce qu'on appelle les causes, soit premières, soit finales.

Comprendre l'ambition de la philosophie positive de Comte revient à consacrer l'état définitif de l'intelligence humaine. La découverte des lois des différents phénomènes permet précisément de regarder comme nécessairement interdit à la raison humaine l'exploration des questions d'origines. Mieux que le positivisme comtien et le phénoménisme humien, la méthode scientifique de Bertrand Russell sera d'un apport décisif pour l'incubation du vérificationnisme.

4. La méthode scientifique de Bertrand Russell

Nous avons montré précédemment que dans le *Traité de la nature humaine*, David Hume exclut de la cité scientifique toutes recherches sur les qualités occultes, les substances ou les envolées imaginatives de la métaphysique. Bertrand Russell assume ce patrimoine et dans *Histoire de mes idées philosophiques*, de même que dans *Signification et vérité* dans lesquels il se révolte contre l'idéalisme allemand. Russell affirme que

> *« Ce fut vers la fin de 1898 que Moore et moi, nous nous révoltâmes contre Hegel et Kant. Je crois que le rejet de l'idéalisme retenait surtout l'attention de Moore dans Mind sur « la nature du jugement » alors que j'étais surtout intéressé par le rejet du monisme. Les deux étaient liés par la doctrine des relations que Bradley avait extraite de la philosophie de Hegel. Je l'appelais « la doctrine des relations externes. »*[77]

Cette doctrine des relations externes considère en effet que toute relation entre deux termes exprime, en premier lieu, les propriétés intrinsèques de deux termes et en dernière analyse, une propriété de l'ensemble qu'ils composent. La volonté de Russell de traiter des problèmes posés par la connaissance empirique en les confrontant à des considérations linguistiques a contribué à renforcer l'idéal vérificationniste. Ceci contre l'approche néo-hégélienne.

4.1. Russell contre la philosophie néo-hégélienne

La philosophie de Russell s'est constituée en réaction à

[77] B. Russell, *Histoire de mes idées philosophiques*, trad. de l'anglais par Georges Auclair, Librairie Gallimard, 1961, p. 67.

> « *La philosophie néo-hégélienne qui régnait en Angleterre depuis le milieu du XX*e *siècle, Bradley et Bosanquet en sont les représentants les plus célèbres. Ils se présentent comme une critique de la logique à tendance nettement empiriste de Mill. Pour eux, seul le tout est réel, les choses séparées n'ont d'existence qu'en lui, prises isolées, elles sont de pures apparences. La réalité prise comme un tout transcende toutes les différences, lesquelles n'ont d'existence qu'à titre de représentations* »[78].

En effet, lorsque paraît en 1940, *Signification et vérité*, Russell est déjà reconnu sur la scène philosophique, car plusieurs de ses ouvrages sont publiés, dont le célèbre *Principia mathematica* (1910-1913), en collaboration avec Alfred North Whitehead (1861-1947). Dans sa démarche, il s'intéresse davantage à la théorie de la connaissance, il s'agit pour lui de savoir ce que peut nous apporter le langage objet et pourquoi il est nécessaire. Autrement dit, dans quelle mesure il est possible de parler d'une connaissance dont la certitude ne puisse mettre aucun homme en doute. Dans la préface de *Signification et vérité*, Russell présente son livre comme « *Le fruit d'un effort pour opérer un rapprochement entre une conception générale apparentée à celle de Hume et certaines méthodes issues de la logique moderne.* »[79]

Le souci majeur de Russell, même s'il émet des réserves par la suite[80], est d'opérer une proximité entre l'empirisme de Hume et son analyse du langage. En dépit donc de quelques nuances[81], des buts communs se dégagent avec les travaux de

[78] J. Gérard Rossi, *La philosophie analytique*, Paris, PUF, Collection « Que sais-je ? », 1989, p. 27.

[79] B. Russell, *Signification et vérité,* trad. de l'anglais par Philippe Devaux, Paris, Flammarion, 1962.

[80] Ce que Carnap entend par signification (*meaning*), Bertrand Russell appelle pourvu de sens (signifiance), c'est-à-dire une propriété de phrases. Chez Russell, le critère de vérification exclut les propositions les plus certaines qui sont les jugements de perception.

[81] Russell, dans son entreprise logique, développe un aspect spécifiquement logique, avec une représentation des « *mots logiques* » qui permettent de distinguer langage-objet et langage-secondaire.

ses prédécesseurs. Russell milite également dans son phénoménalisme pour une correspondance du langage avec l'expérience. La mise en avant de l'existence d'un langage-objet, où chaque mot renvoie à un objet simple, rappelle Hume et sa volonté de diviser les idées complexes en leurs parties les plus simples correspondant à des impressions simples, et ce même si la connaissance scientifique ne recouvre qu'une faible partie des sujets qui intéressent l'humanité[82]. Bernard Russell s'attelle dans son projet à doter la philosophie d'une méthode scientifique. Cette philosophie qui s'inspire de la Méthode scientifique repose essentiellement sur les données sensorielles. Son analyse du langage accorde également une place importante aux sensations comme ce fut le cas dans le phénoménisme de Locke et de Hume. Russell se réapproprie surtout la base sensorielle.

L'auteur des *Problèmes de philosophie* réitère également dans son projet l'idée que toutes nos connaissances en général et la connaissance scientifique en particulier dérivent du monde physique. Il exprime clairement cette réappropriation lorsqu'il écrit que « *Nos investigations partent de ce que l'on peut appeler des « données » par quoi j'entends des matériaux « de » connaissance commune, mais*

Contrairement aux positivistes logiques qui voulurent démontrer l'impossibilité de la métaphysique spéculative dont les énoncés sont dénués de signification, Bertrand Russell renonce à une approche purement logique. Il se distingue des positivistes logiques, car il s'intéresse davantage aux liens qui existent entre langage et faits réels, entre faits linguistiques et faits non verbaux dans *Signification et vérité*. Il en est de même de la place qu'il accorde au sens commun ; la signification logique est donc partielle à ses yeux.

[82] B. Russell, Ma *conception du monde*, Gallimard, trad. de l'anglais par Louis Evrard, 1962, p. 8.

entraînant cependant de quelque manière notre assentiment »[83].

En clair, la connaissance empirique est déjà fondamentale dans la théorie de la connaissance et en philosophie en particulier. Sous ce rapport, le rôle du philosophe n'est plus d'élaborer des doctrines philosophiques, mais de confronter les événements linguistiques, c'est-à-dire les énoncés et propositions à des événements non linguistiques qui sont des faits réels. En dépit de quelques nuances, la théorie de la connaissance russellienne se rapproche davantage de l'analyse logique des logiciens du Cercle de Vienne. Russell est également préoccupé par les conditions d'assainissement de la philosophie : « *toute saine philosophie devrait commencer par une analyse des propositions* »[84]. Russell ratifie la thèse de ses prédécesseurs tels que Locke et surtout Hume ; il considère que l'analyse du langage dérive des sensations. Mieux, l'observation est au commencement de nos connaissances et se ramène finalement à la sensation. C'est pourquoi, à la suite de ses prédécesseurs, il peut dire « *I think it may be laid down quite generally in so far as physics or common sense, is verifiable, it must be capable of interpretation in terms of actual sense data alone. The reason for this is simple. Verification consists always in the occurrence of an expected sense datum.* »[85]

---

[83] B. Russell, *La méthode scientifique en philosophie, notre connaissance du monde extérieur*, trad. de Philippe Devaux, Paris, Payot, 1971, p. 80.

[84] B. Russell, cité par J.M. Roy, in préface à *Écrits de logique philosophique*, Paris, PUF, 1989, p. 9.

[85] B. Russell, *Our knowledge of the external world*, London, George Allen and Unwin & Brothers, 6e édition, 1972, pp. 88-90 : « *Etant donné que les sciences physiques sont empiriquement vérifiables, elles doivent pouvoir s'interpréter uniquement sur la base des données sensorielles. Qui plus est, leur but consiste à coordonner ces données entre elles et à préciser les conditions de leur éventuelle vérification.* » C'est nous qui traduisons.

L'obsession pour les données sensorielles est également remarquable chez Russell et rappelle déjà la critique humienne de la métaphysique ou de l'imagination. Hume considérait en effet que « *Rien n'est plus dangereux pour la raison que les envolées de l'imagination* »[86]. De même, la célèbre injonction par laquelle s'achève l'*Enquête sur l'entendement* de Hume a motivé Russell et suscitera le ralliement des néopositivistes. Il écrit en effet que

> « *Quand, persuadés de ces principes, nous parcourons les bibliothèques, que nous faut-il détruire ? Si nous prenons en main un volume quelconque de théologie ou de métaphysique, demandons-nous : contient-il des raisonnements abstraits sur la quantité ou le nombre ? Non. Contient-il des raisonnements expérimentaux sur des questions de faits ? Non. Alors, mettez-le au feu, car il ne contient que sophismes et illusions* »[87].

L'élimination de la métaphysique qui sous-entend cette injonction est également assumée par Russell qui pose par fidélité au phénoménalisme et contre l'idéalisme néo-hégélien l'idée que l'univers mental n'est qu'un cauchemar imaginé par l'esprit pendant l'un de ses rêves les moins philosophiques.[88]

4.2. Contribution de Russell au logicisme

La contribution de Russell s'observe surtout à travers la théorie des types et la théorie de la connaissance des descriptions qu'il propose dans sa conception philosophique révolutionnaire. *Signification et vérité*, *La méthode scientifique en philosophie*, *Our Knowledge of External World*, *My philosophical Development* sont autant d'ouvrages dans lesquels Bertrand Russell s'intéresse aux questions de logique, de vérité, de connaissance ou de signification. Nous avons montré plus haut que l'empirisme de Russell est

---

[86] D. Hume, *Traité de la nature humaine,* p. 358.
[87] *Ibid.*
[88] B. Russell, *My philosophical Development*, London, George Allen et Unwin & Brothers, 1959, p.16.

proche du sensualisme. Il explique que les données sensibles sont subjectives, il doute de la fiabilité du monde sensible à cause des conditions physiologiques, mais trouve que « *Ce serait une erreur d'en déduire que ces objets sensibles immédiats sont dépendants de l'esprit, qu'ils ne sont pas l'unique base de notre connaissance du monde extérieur* ».[89]

Il en résulte que la base phénoménaliste occupe une place importante dans l'édifice logique russellien. Ce qui revient à dire que l'expérience est ce qui détermine la validité d'une proposition[90]. En ce sens, une proposition n'est sensée que lorsque nous pouvons déterminer sa fausseté ou la vérité. Autrement dit, si nous pouvons en établir sa signification ou la méthode de sa vérification. Cela est remarquable à travers la typologie russellienne des propositions :

> *« Une proposition exprimant et désignant un fait, écrit Russell, en affirmant (ou niant) soit une propriété, soit une relation d'une chose, est dite atomique et peut, à son tour, former un constituant avec d'autres propositions d'une proposition globale. Cette dernière s'appellera moléculaire si, à l'aide des connectifs (si, ou, et, à moins que, etc.) elle se compose de propositions atomiques. »*[91]

Russell distingue 3 types de propositions, mais les propositions de base qui se réfèrent aux faits indépendants de l'univers montrent clairement que, comme les logiciens de son temps, Bertrand Russell s'est intéressé à la problématique du langage. Contrairement aux philosophes du langage ordinaire qui fleurissent à Oxford, il leur reproche, après la

---

[89] B. Russell, *La méthode scientifique en philosophie. Notre connaissance du monde extérieur,* trad. Philippe Devaux, préface de Marcel Barzin, Paris, Payot, 1971, p. 80.

[90] Dans le *Dictionnaire de la philosophie*, Paris, Éditions Nathan, 1997, p. 311), Gérard Durozoï et André Roussell définissent la proposition au sens propre comme tout énoncé verbal susceptible d'être qualifié de vrai ou faux dont on peut considérer qu'il sous-tend un jugement au moins virtuel.

[91] B. Russell, *La méthode scientifique en philosophie,* p. 80.

Deuxième Guerre mondiale, de se désintéresser du monde, des sciences et de la logique[92]. L'enjeu pour Russell est de s'opposer à la métaphysique.

D'après le monadisme et le monisme qui sont les deux variantes de l'axiome des relations internes, « *La réalité est une. Elle doit être simple parce que la pluralité, considérée comme réelle, est contradiction en soi. La pluralité implique des relations et, à travers elle, cesse d'affirmer involontairement une unité* »[93]. Russell affirme ainsi à son tour son opposition aux ontologies monistes et monadistes de la métaphysique traditionnelle et aristotélicienne qui reposent sur les propositions de la forme sujet-prédicat. Bien plus, elles nient la réalité des relations, c'est-à-dire avec des propositions élémentaires ne possédant pas de syncatégorématiques et des propositions moléculaires (contenant des conjonctions comme *si, et, ou*…). Pour débarrasser la philosophie des propositions absurdes, Russell propose la théorie des descriptions. Afin de sortir des infirmités de la métaphysique traditionnelle et particulièrement de la logique d'inspiration aristotélicienne, qui réduit la pensée en esclavage : pour aller au-delà de la subjectivité et de la corruption des données sensibles, Russell considère la chose comme une simple construction logique. L'outil logique permet d'assainir la philosophie.

4.2.1. La théorie des descriptions

Contre tout psychologisme, la théorie des descriptions met l'accent sur un modèle d'élimination des noms propres apparents, des entités inutiles dépourvues de tout référent empirique. L'exemple que Russell donne est « *Scott est*

---

[92] P. Jacob, *L'empirisme logique*, p. 19.

[93] M. Bradley cité par Bertrand Russell dans *Histoire de mes idées philosophiques*, trad. de Georges Auclair, Gallimard, 1961, p. 70.

l'auteur de Waverley »[94]. La théorie des descriptions consacre la règle de la correspondance qui considère qu'un nom n'est sensé dans une proposition que s'il renvoie à objet externe. Comment distinguer le nom et ce qu'il décrit ? Il doit pouvoir exister un parallélisme entre les deux. L'idée d'Alexis Meinong qui croyait aux « *montagnes d'or* » constitue une véritable absurdité. Willard Orman Van Quine est bien fondé quand il dit que la théorie des descriptions permet de purger le langage de toutes les expressions faussement référentielles. Cette théorie, écrit Pierre Jacob, reste pour Russell sa plus grande contribution en logique et en épistémologie. L'être, écrit Pierre Jacob, constitue pour Russell, une garantie que les propositions possèdent une signification[95].

4.2.2. La théorie des types

La théorie des types qui est la règle de la formation des axiomes à partir de la théorie des ensembles est également décisive chez Bertrand Russell. Elle « *permet de résoudre les paradoxes récemment découverts au cœur des fondements de la théorie des ensembles* »[96]. D'après cette théorie, de nombreuses classes ne sont pas membres d'elles-mêmes, car aucune classe n'est une chose. À titre d'illustration, la classe de toutes les citrouilles n'est pas une citrouille. Dans *Histoire de mes idées philosophiques*, Russell fait également savoir que la classe des petites cuillères par exemple n'est pas une cuillère. L'exigence d'empiricité est toujours à l'œuvre dans la théorie des types. Aussi, Pierre Jacob conclut-il « *La théorie des types est une règle de formation des énoncés de la catégorie « x ∈ y » répondant au principe dit « du Cercle*

[94] B. Russell, *Histoire de mes idées philosophiques*, trad George Allen Auclair, Paris, Gallimard, 1961, p. 93.
[95] J. Jacob, *L'empirisme logique. Ses antécédents, ses critiques,* Paris, Éditions de Minuit, collection « Propositions », 1980, p. 43.
[96] *Ibid.*, p. 83.

vicieux ». Aucune totalité ne doit contenir des membres qui soient définis à l'aide d'elle-même. »[97] La théorie des types est en réalité une théorie de la référence. Elle présuppose des réponses à la question « *A quoi le terme réfère-t-il dans tel ou tel contexte ?* »

En somme, l'analyse logique du langage formulée par Frege et Russell porte d'abord sur l'analyse des liaisons entre des propositions élémentaires. Ensuite, elle se fonde sur la structure interne de toute proposition dont on a besoin pour exprimer l'arithmétique. C'est une théorie de la liaison entre les variables et les quantificateurs qui les lient. L'analyse logique dans cette optique permet de dissiper les absurdités des langues naturelles. Ce que nous retenons du projet russellien, c'est surtout la fonction de la théorie des descriptions : elle vise à éliminer l'article défini « *le* » et son remplacement par des quantificateurs. C'est cette tendance logico-mathématique qui a permis de déceler les limites de la logique traditionnelle. Telle est l'armature de la « *révolution galiléenne* » que Russell fit en logique. Contrairement aux langues ordinaires truffées d'incohérences et de contradictions, Russell propose des constructions purement logiques. Ce symbolisme logico-mathématique apparaît alors comme une langue idéale susceptible aux yeux des successeurs de Russell de purifier le discours philosophique. C'est dans ce référentiel logico-mathématique d'inspiration sensorielle que les néo-positivistes puisent également pour élaborer leur fameux critère de vérification. Jean-Louis Le Moigne peut alors conclure :

> *« La magistrale entreprise de Frege (1884) et de Russell et de Whitehead (1911), réédifiant la logique disjonctive en en faisant une discipline mathématique qui devint bientôt la logique scientifique, suscita pendant plus d'un demi-siècle une sorte de sacralisation épistémologique que cautionna volontiers le positivisme du Cercle de Vienne sous le nom*

---

[97] P. Jacob, *op. cit.*

d'empirisme logique [...] à telle enseigne que les expressions « logique scientifique » et « rationalité scientifique » ont encore, dans le langage courant, valeur de référence : un raisonnement qui ne se référa pas à cette déduction logique sera fréquemment tenu pour irrationnel et donc pour non scientifique »[98].

Cette conclusion peut sembler hâtive, dans la mesure où elle ignore la contribution décisive de Ludwig Wittgenstein, laquelle mérite à présent d'être présentée.

B. Le Logicisme radical de Wittgenstein

1. Wittgenstein : éponyme du Cercle de Vienne

Après avoir établi que Bertrand Russell a hérité du sensualisme et du phénoménisme de Hume, nous avons relevé qu'il lègue à ses successeurs deux éléments essentiels de l'analyse logique : la théorie des descriptions et la théorie des types logiques. À l'automne 1911, Ludwig Wittgenstein, qui avait vingt-deux ans, note Pierre Jacob[99], abandonne ses études d'ingénieur, entreprises à Manchester pour se consacrer à la logique et au fondement des mathématiques. Sur les conseils de Frege, il s'inscrit au Trinity College pour suivre les cours de Russell. Il écrit pendant la guerre l'un des rares ouvrages publiés de son vivant (1921), le *Tractatus logico- philosophicus*, qui entend guérir la philosophie de ses infirmités linguistiques. Comme ses prédécesseurs, Wittgenstein situe son analyse du langage dans la facticité. Pour lui, l'activité philosophique vise à débarrasser la pensée des pièges du langage qui doit en réalité être la représentation des faits. Toute proposition vraie tient sa vérité de ce qu'elle dépeint un état de choses correspondant à la réalité.

---

[98] J. Louis Le Moigne, *Le constructivisme. Epistémologie de l'interdisciplinarité*, t. 2, Paris, L'Harmattan, pp. 137-138.
[99] P. Jacob, *op. cit.*, p .83.

Si Wittgenstein se détache plus tard (1930-1931) de sa première philosophie, il ne faut pas perdre de vue sa forte présence auprès des membres du Cercle de Vienne qui en font leur éponyme. C'est ce que suggère Carnap lorsqu'il écrit dans une partie non publiée de son autobiographie que

> *« Dans plusieurs de mes articles publiés dans Erkentnis, je me suis explicitement référé à la philosophie de Wittgenstein qui, à l'époque, était tout à fait inconnu. Je crois que j'ai été le premier à faire connaître Wittgenstein dans le monde germanophone [...] Je sais, d'après ce qui m'a été rapporté plus tard que Wittgenstein a souffert de profondes perturbations dans sa vie émotionnelle. Mais cela ne change rien au fait qu'il fut un authentique créateur intellectuel de génie à qui la philosophie doit beaucoup. »*[100]

Ces propos mettent en exergue « *la férocité et l'ultra sensibilité* » de Wittgenstein à l'égard de Carnap qui veut se démarquer des principes de la nouvelle philosophie, mise au point par leur maître. Malgré l'orage conceptuel et « *les profondes perturbations de sa vie émotionnelle* », Carnap continue de reconnaître son « *génie* ». Il reste perplexe quant aux lettres rédigées par Wittgenstein, mais n'écarte pas ou ne minimise pas la proximité qu'il y avait entre lui, Schlick et Wittgenstein. Le « *dépassement de la métaphysique par l'analyse du langage* est une véritable thérapie pour une saine philosophie chez Carnap. Cette voie rigoureuse de la cohérence scientifique que le Cercle de Vienne adopte trouve son fondement chez l'auteur du *Tractatus logico-philosophicus* qui a tracé la voie d'une topique du disciple.

---

[100] R. Carnap dans *Sa lettre à Schlick du 28 septembre 1932*, voir Friedrich Stadler, in « Ludwig Wittgenstein et le Cercle de Vienne : entre la réception et le plagiat ». Cf. Jan Sebestik et Antonia Soulez (sous la direction de), *Wittgenstein et la philosophie aujourd'hui*, Paris, L'Harmattan, 2001, pp. 321-336.

2. Rôle clinique de la théorie de l'image

Wittgenstein conçoit le monde comme une totalité des faits [101] à travers la théorie de l'image, selon laquelle le langage est la copie de la réalité. En vertu du principe de l'isomorphisme, Wittgenstein réhabilite la théorie de la signification qui considère que toute connaissance accessible doit être atteinte par des méthodes empiriquement vérifiables. Dans cette perspective, l'application du langage au réel a une tâche clinique consistant à purger l'activité philosophique des expressions creuses. Wittgenstein résume parfaitement cet idéal de démythologisation du langage lorsqu'il affirme que « *la plupart des propositions et des questions qui ont été écrites sur des matières philosophiques sont non pas fausses, mais dépourvues de sens.* »[102] Wittgenstein insiste ainsi sur la nécessité de la clarification de la pensée. La théorie de l'image vise non seulement à clarifier la logique de la pensée, mais aussi à délimiter la sphère du pensable.

3. Visée thérapeutique de la théorie du mysticisme

De même, la théorie du mysticisme dans l'approche de Wittgenstein permet de déterminer le rapprochement entre philosophie et positivisme. Le logicisme de Wittgenstein donne sur le mysticisme, car ce qui est dépourvu de sens chez Locke et Hume, parce que sans rapport avec le réel, relève chez lui de l'indicible. Ce que révèle d'ailleurs le dernier aphorisme du *Tractatus logico-philosophicus,* d'après lequel « *ce dont on ne peut parler, il faut le taire* »[103].

Cependant, le mysticisme qui est à la base du logicisme de Wittgenstein ne dissipe pas les dettes philosophiques qu'il a contractées envers Hume et Locke. La théorie de l'image

---

[101] L. Wittgenstein, *op.cit.*, p. 33.

[102] L. Wittgenstein, *Tractatus logico-philosophicus* (1921), Idées/Gallimard, 1972, 4.114, p. 82.

[103] *Ibid.*, p. 119.

apparaît comme la réactualisation de la théorie de la signification élaborée par Hume et Locke et de la théorie des descriptions de Bernard Russell. Wittgenstein propose à son tour une théorie de la signification à travers sa fameuse « *théorie de l'image* ». Il s'agit dans cette entreprise thérapeutique de délimiter les frontières du dicible en valorisant les sphères où le langage peut seulement se représenter.

La philosophie sensualiste de Russell ainsi que sa critique de l'hégélianisme ont servi d'impulsion à l'élaboration de la thèse de l'isomorphisme du langage et de la réalité, telle qu'elle est formulée par les aphorismes 2.22 « *C'est dans l'accord ou le désaccord de son sens avec la réalité que consiste la vérité ou sa fausseté* » et 4.01 « *la proposition est une image de la réalité.* »[104] Il en est de même de sa distinction logique de trois ordres de propositions, étudiée au chapitre précédent. Le critère basique sur lequel s'est édifié le vérificationnisme, en contexte wittgensteinien, peut être clairement identifié dans le *Tractatus* ainsi qu'il suit : « La signification d'une proposition est sa méthode de vérification». Cet aphorisme servira justement de credo au positivisme logique du Cercle de Vienne.

Wittgenstein puise dans l'héritage de ses prédécesseurs pour systématiser le principe de référence. La théorie de l'image ou du tableau circonscrit les limites du langage et de la connaissance du monde, considérées comme thérapie destinée à lutter contre les égarements de la métaphysique dans la sphère du mystique. En tranchant dans l'aphorisme 5.6 que « *les limites de mon langage signifient les limites du monde* »[105], le « *rasoir de Wittgenstein* » *procède à une « coupure épistémologique* », pour parler comme Gaston Bachelard, « *coupure qui consacre la répudiation de la*

---

[104] *Ibid.*, p. 39.
[105] *Ibid.*, p. 86.

scientia scientiarum (la métaphysique) et débouche sur le catéchisme de l'empirisme »[106].

Malgré le désaveu exprimé par Wittgenstein à l'endroit de certains membres du Cercle qui n'hésitaient pas à le présenter officiellement comme leur mentor, celui-ci ayant senti le besoin de « faire tourner toute sa conception », les membres continuèrent à lui faire allégeance. L'ampleur des problèmes traités dans le *Tractatus logico-philosophicus* parut emblématique. C'est pourquoi les positivistes logiques s'engagèrent sur le *Tractatus* qu'ils commentaient tous les jeudis soir. C'est ce que souligne d'ailleurs l'un de ses biographes et héritiers testamentaires Brian McGuiness, lorsqu'il écrit que l'ouvrage de Wittgenstein reçut un accueil favorable grâce à sa critique du langage, à la clarification du rôle de la logique, la définition des tautologies et de l'importance qui leur est accordée.[107] Les empiristes logiques reprennent à leur compte l'interprétation préconisée par Wittgenstein, déjà précisée par Russell. Au-delà des vérités de la logique et des mathématiques, Etienne Bebbé Njoh a raison d'ajouter qu'

> « *Enfin, conformément à la tripartition des énoncés établis par Wittgenstein, il y a les propositions des sciences de la nature, les seules qui puissent nous renseigner sur la réalité et dont les vérités sont synthétiques. Le propre de telles propositions c'est d'inciter à recourir à l'expérience pour vérifier ce qu'elles affirment et c'est pourquoi les empiristes logiques identifient le sens de ces énoncés à la connaissance de leurs conditions de vérité ou de fausseté »*[108].

Finalement, le mathématicien et philosophe camerounais partage l'avis de Bouveresse selon lequel « La signification

---

[106] J. Gérard Rossi, *La philosophie analytique*, Paris, PUF, Collection « Que sais-je ? », 1989, p. 9.

[107] B. McGuiness : « Les relations de Wittgenstein avec le Cercle de Vienne », in *Wittgenstein et la philosophie aujourd'hui,* pp. 337-335.

[108] Etienne-Bebbé Njoh, *La rationalité scientifique aujourd'hui*, Paris, L'Harmattan, 2013, p. 21.

est à la fois une incitation à vérifier et une directive pour la vérification »[109], étant entendu que cette vérification ne se conçoit qu'à travers un test expérimental.

Dans le chapitre qui suit, il est surtout question d'analyser la réception du positivisme de Wittgenstein par Popper. Pour cela, nous allons nous appuyer sur l'affaire du « tisonnier », afin de comprendre la violente querelle qui opposa ces deux figures emblématiques de l'épistémologie contemporaine.

---

[109] Jacques-Bouveresse, *La force de la règle*, Les Éditions de Minuit, 1987, p. 83 ; cité par Etienne Bebbé Njoh, *op. cit.*, p. 21.

DEUXIÈME PARTIE

Wittgenstein au tribunal de Popper : la peine de mort

L'orientation logiciste précédente du positivisme a permis de faire remarquer combien le vérificationnisme a prospéré. Dans le présent chapitre, nous entendons analyser un aspect du devenir de cette doctrine. Il s'agira précisément de montrer comment Karl Popper a accueilli le vérificationnisme. Sous ce rapport, nous nous demandons ce qui justifie la controverse Karl Popper-Wittgenstein, laquelle légitimerait, en dernière analyse, le dégoût exprimé par Wittgenstein pour le logicisme qu'il a contribué à populariser, ce malgré lui.

Nous noterons que la controverse Popper-Wittgenstein se vérifie à travers les trois points suivants : la tripartition des propositions, la nature du savoir scientifique et le statut épistémologique de la vérité. Au terme de cette mise en relief, nous pouvons cerner l'enjeu de la querelle, aux allures de confrontation entre ces deux auteurs.

CHAPITRE 3

L'affaire du « tisonnier » : des propositions métaphysiques existent

La Quête inachevée [110] est l'ouvrage dans lequel Karl Popper retrace son itinéraire intellectuel. Le chapitre XVII de cet ouvrage pose une question sibylline : *« Qui a tué le positivisme logique ? »* [111] La réponse à la question est sans ambages :

> *« De nos jours, chacun sait que le positivisme logique est mort. Mais personne ne semble soupçonner qu'il y a ici une question à poser – la question qui est responsable ? »Ou plutôt « Quel est le meurtrier ? »* [...] *Je crains de devoir assumer moi-même cette responsabilité. Cependant, je ne le fis pas exprès : mon unique intention était d'attirer l'attention sur ce qui me paraissait constituer un certain nombre d'erreurs fondamentales. »* [112]

Le fossoyeur poursuit son propos par la détermination de la cause principale de ces erreurs fondamentales :

> *« Je pourrais dire ici que ce que je considère comme la cause fondamentale de la dissolution du Cercle de Vienne et du positivisme logique, ce ne sont pas ses diverses graves erreurs de doctrine (dont j'ai mis en évidence un grand nombre), mais le fait qu'il ait cessé de s'intéresser aux grands problèmes : qu'il se soit concentré sur des détails sans importance, des « puzzles » et particulièrement sur le sens des mots ; bref le fait que son esprit soit devenu scholastique. »* [113]

« Puzzles », voilà le mot clé qui est au cœur du *Tractatus* de Ludwig Wittgenstein, puisque la tâche qu'il assigne à la

---

[110] Karl Popper, *La Quête inachevée*, Paris, Press Pocket, 1986.
[111] *Ibid.*, p.119.
[112] *Id.*
[113] *Ibid.*, p. 121.

philosophie est de dénouer l'écheveau du langage. Nous avons déjà noté que Wittgenstein était considéré par les membres du Cercle de Vienne comme l'un de leurs principaux inspirateurs. C'est donc lui qui est manifestement visé par la critique poppérienne.

On peut récapituler la controverse Popper-Wittgenstein dans les trois points suivants : la tripartition des propositions ; la nature du savoir scientifique et le statut épistémologique de la vérité.

1. Des propositions métaphysiques existent

Rappelons que selon le père du *Tractatus*, il n'existe pas (enlever) à proprement parler pas de propositions métaphysiques, car la métaphysique traite des réalités qui se situent en dehors du monde, le monde étant exclusivement le monde des faits, des états de choses. L'éthique, l'esthétique et Dieu ne peuvent s'énoncer, d'autant qu'ils sont la limite du monde, du dicible : ils sont tout simplement mystiques, indicibles. C'est à vouloir toujours les énoncer que nous tombons dans des contradictions insurmontables. Voilà donc pourquoi, comme le clame l'aphorisme 7 : ***« Ce dont on ne peut parler, il faut le taire. »*** C'est donc aussi pourquoi il n'y a pas de problèmes philosophiques, car s'il en existait, on pourrait en dire quelque chose. Or, c'est justement sur ce point crucial qu'éclatera une violente dispute entre Popper et Wittgenstein au début de l'année universitaire 1946-1947. Voici du reste le compte rendu de Popper :

> *« Je reçus une invitation du Secrétaire du Moral Sciences Club de Cambridge pour faire une communication à propos de quelques « puzzles philosophiques ». Il était clair que la formulation était de Wittgenstein et que, derrière elle, se cachait la thèse philosophique qui était la sienne, selon laquelle il n'existait pas de véritable problème philosophique, mais seulement des « puzzles » » linguistiques. Étant donné que cette thèse faisait partie de mes aversions favorites, je*

décidai de parler du suivant : « Y a-t-il des problèmes philosophiques ? »[114]

Popper poursuit son propos en signalant qu'il commença sa communication par une *« introduction quelque peu piquante et provocante »*[115], adressée à l'encontre de ceux qui l'avaient invité en faisant allusion aux « puzzles ». Selon lui, ceux-ci étaient manifestement tombés dans un paradoxe, car ne parler que des « puzzles » signifie nier l'existence des problèmes philosophiques. Or, la controverse ainsi engagée était déjà elle-même un problème philosophique. La réaction de Wittgenstein à cette critique fut brutale, comme le rapporte Popper :

> *« A ce moment précis, Wittgenstein bondit sur ses pieds et dit d'une voix forte, sur un ton qui me semble celui de la colère : « le secrétaire a fait exactement ce qu'on lui a demandé. Il a agi selon ses instructions. »*[116]

Popper esquisse une seconde critique, ce premier orage passé, en soulignant que s'il n'avait pas existé de problèmes philosophiques, il ne serait pas devenu lui-même philosophe. Il ajoute que la seule justification valable pour devenir un philosophe, c'est le fait que beaucoup de gens (et sans doute tout le monde) adoptent à la légère des solutions indéfendables en réponse à bon nombre, sinon à tous, de problèmes philosophiques. Seconde réaction brutale de Wittgenstein :

> *« Wittgenstein bondit à nouveau, m'interrompit, et s'étendit longuement sur les « puzzles » et sur la non-existence des problèmes philosophiques. »*[117]

Le troisième moment important de la communication de Popper est la présentation d'une liste de problèmes

[114] *Ibid.*, p.170.
[115] *Ibid.*, p.171.
[116] *Id.*
[117] *Ibid.*, p. 171.

philosophiques que Wittgenstein balaya d'un trait en les ramenant aux questions d'ordre logique et mathématique. Mais la querelle s'envenima et prit la tournure d'une véritable bagarre lorsque Popper démontra l'existence des problèmes moraux et la validité des règles morales :

> *« Wittgenstein était assis près du feu et, depuis un certain temps, jouait nerveusement avec un tisonnier dont il se servait parfois comme d'une baguette de chef d'orchestre pour souligner ses affirmations : au moment où je parlais de problèmes moraux il me mit au défi : « Donnez-moi un exemple de règle morale ! » je répliquai : « Ne pas menacer les conférenciers invités avec des tisonniers ». Sur quoi, Wittgenstein, fou furieux, jeta le tisonnier au sol et sortit de la pièce comme un ouragan, en claquant la porte derrière lui. »*[118]

Popper venait ainsi de tordre le cou à la tripartition discriminatoire des propositions établie par le père du *Tractatus*, et surtout, au rejet de la métaphysique, et partant, de la philosophie comme théorie de la connaissance. Le *Manifeste du Cercle de Vienne* n'avait pas d'autre intention que de dépasser, mieux, d'éliminer totalement la métaphysique. À ce sujet, la cinglante et virulente critique de Heidegger par Rudolf Carnap est assez symptomatique par rapport à une telle intention destructrice. Pourtant Popper, dès ses premières études, n'a pas manqué d'insister sur le fait suivant : *« Il y a des théories métaphysiques qui sont d'une nature purement existentielle. »*[119]

Ainsi donc, au bannissement des positivistes logiques, adeptes de Wittgenstein, l'auteur de *Conjectures et Réfutations* répond plutôt par une bouée de sauvetage pour la métaphysique. Mais il ne se contente pas de ce renversement, puisqu'il s'attache à montrer que le savoir scientifique n'obéit pas à l'essence que lui a reconnue le *Tractatus*.

---

[118] *Ibid.*, pp. 171-172.
[119] *Ibid.*, pp. 56.

2. Falsificationnisme contre vérificationnisme ou quand Popper rasait la barbe de Wittgenstein

Selon Wittgenstein, les sciences de la nature en particulier décrivent complètement le monde, du fait que ses propositions représentent les choses telles qu'elles sont. Vue sous cet angle, l'histoire des sciences serait une marche de vérité en vérité, de découverte en découverte. Toutefois, si tel est le cas, comment expliquer que certaines théories scientifiques soient préférées à d'autres ; que des théories dites fausses aujourd'hui se révèlent être vraies après et vice-versa ?

On voit bien que face à ces questions, le *Tractatus* nous replonge dans les perplexités ou les « puzzles » qu'il prétendait avoir définitivement éliminés, alors que pour Popper, l'occasion s'offre d'ébaucher une nouvelle théorie de la connaissance, à laquelle les chercheurs rattachent le nom de ***falsificationnisme***.[120]

Contre le vérificationnisme de Wittgenstein, Popper soutient qu'une théorie scientifique forme un corps d'hypothèses ou de conjectures, dont la validité se mesure à sa capacité de résister à des tests ou expériences cruciales qui pourraient l'infirmer, la falsifier ou la corroborer. Par suite, la science progresse par conjectures et réfutations, par essais et erreurs. La juste méthode en science c'est non pas la vérification, qui relèverait du lamarckisme, à en croire Popper, mais de la « critique », de « l'essai » et de « l'erreur ». Cette méthode est essentiellement sélective ; elle relève du darwinisme.

> « *Du point de vue de cette méthodologie,* insiste Popper, *nous commençons notre étude avec des problèmes. Nous nous trouvons toujours situés dans une situation de problème ; et nous choisissons un problème que nous espérons apte à*

[120] Pour une étude approfondie de cette doctrine épistémologique, on se reportera au chapitre suivant.

résoudre. La solution, toujours une suggestion, consiste en une théorie, une hypothèse, une conjecture. Les diverses théories sont comparées et soumises à l'examen critique pour déceler leurs défauts ; et les résultats, toujours changeants, jamais concluants, de ces examens critiques constituent ce qu'on peut appeler la « science du jour »»[121].

Avec cette méthodologie, que devient la vérité ? Peut-on encore, et seulement, parler de ''vrai'' et de ''faux'' sans courir le risque de tomber sous le coup de la falsification ? Le moment est venu d'examiner le statut épistémologique de la vérité.

3. L'opposition de Popper à la grande découverte du *Tractatus*

Étant entendu que lorsqu'une théorie ou hypothèse est corroborée si elle résiste aux tests de falsification et qu'elle est réfutée, si elle n'y résiste pas, on ne peut plus, selon Popper, et à strictement parler, utiliser les mots ''vrai '' et ''faux'', si chers aux logicistes. Dire donc qu'une proposition est vraie ou qu'elle est fausse, c'est verser dans le dogme logique de la bivalence ; c'est oublier que la juste méthode scientifique c'est la conjecture plutôt que la vérification. La grande découverte du *Tractatus*, celle des tables de vérité et des matricielles, ne serait donc, aux yeux de Karl Popper, qu'un ersatz. La connaissance scientifique n'est pas une forme de connaissance, au sens où si on disait « il pleut », et qu'il pleuve effectivement, on en conclurait que cela doit être vrai. Dans ce cas, connaissance signifierait vérité. Malheureusement, la connaissance scientifique est du domaine de l'hypothèse.

> « *Bien souvent,* martèle-t-il, *on ne peut pas dire qu'une chose est vraie, et, moins encore, qu'elle est certainement ou probablement vraie, au sens du calcul des probabilités.* »[122]

---

[121] *Ibid.*, p. 116.
[122] *Ibid.*, p. 150.

Il faut mentionner qu'une telle théorie de la vérité n'est pas née arbitrairement. Elle est la résultante de la rencontre de Popper avec le logicien américain d'origine polonaise Alfred Tarski, fondateur de la théorie sémantique de la vérité, et que l'on associe souvent aux membres du Cercle de Vienne.

Le chapitre XX de *La Quête inachevée* est assez explicite sur l'intérêt suscité par cette rencontre :

> « *Lorsque Tarski m'expliqua, en 1935, l'idée de sa définition du concept de vérité (dans le Volskgarten de Vienne), je me rendis compte de son importance. Il avait enfin réhabilité la théorie de la vérité – correspondance, qui a été si décriée et qui, à mon avis, est et a toujours été la conception du sens commun.*
>
> *Plus tard, je réfléchis à ce sujet, en grande partie pour essayer de comprendre ce que Tarski avait dit. Il n'avait pas vraiment* défini *le concept de vérité. Il l'avait fait à coup sûr pour un langage formalisé très simple, et il avait esquissé des méthodes pour définir ce concept en ce qui concernait une classe d'autres langages formalisés. Cependant, il avait aussi précisé qu'il y avait d'autres manières analogues et essentielles d'introduire la vérité : non par définition, mais par axiomes.* »[123]

Ainsi donc, la théorie sémantique de la vérité de Tarski est apparue comme « un don du ciel » pour Popper, tel que le souligne avec un humour caustique Dominique Lecourt. Ce dernier explique d'ailleurs pourquoi :

> « *La logique de la Logik* [Il s'agit de l'abréviation de l'ouvrage de Popper intitulé *Logique de la découverte scientifique*] *exigeait en fait que la clé de voûte de sa méthodologie fût effectivement une notion de vérité comme correspondance aux faits – en vertu de son « réalisme » —, mais d'un autre côté Popper, qui refusait la notion neurathienne de la « vérité – cohérence », était hanté par les impasses où engageait selon lui la notion prétendument wittgensteinienne de la vérité*

[123] *Ibid.*, p.135.

(« correspondance comme simulation de structure «). D'où la solution de prudence qui consistait à « éviter » la notion de prudence. »[124]

En somme, la résolution poppérienne à démontrer que des propositions et des théories métaphysiques existent – contre le projet fortement logiciste de Wittgenstein – ; que la connaissance scientifique est essentiellement conjecturale et que, conséquemment, les concepts de vérité et de fausseté, fondements de la binarité, de la bivalence, tombent en désuétude, aura sans doute contribué à l'autocritique wittgensteinienne, autant que la « crise des fondements » de la mathématique, de la physique et de la logique.

[124] Dominique Lecourt, *L'ordre et les jeux*, *op. cit.*, p.124.

CHAPITRE 4

Jeux et antijeux du falsificationnisme

L'adoption de la falsifiabilité comme critère nous permettant de décider du caractère empirique d'un système théorique fut une arme pour s'opposer au logicisme en général et à l'approche wittgensteinienne en particulier. Il s'était agi pour l'auteur de *La quête inachevée* et de *La connaissance objective* de s'attaquer aux conceptions de la signification cognitive d'après lesquelles la signification du langage théorique dépend de sa corrélation avec les faits.

Popper s'oppose donc au vérificationnisme et propose corrélativement d'adopter la falsifiabilité comme critère nous permettant de décider du caractère empirique d'un système théorique. Il importe de s'interroger à présent sur les enjeux du falsificationnisme à partir d'un examen de ses jeux et antijeux.

A. Du critère de falsifiabilité

Le critère de falsifiabilité renvoie chez Popper à un critère de classification qui n'est pas décisoire. Pour Popper, la testabilité et le sens ne sont pas liés, car la visée de la procédure falsificationniste n'est pas d'éliminer les « *pseudo-concepts* ", mais de se démarquer des méthodes pseudo-scientifiques. C'est du moins l'idéal du fameux critère de la démarcation que l'épistémologue anglais d'origine autrichienne reformule.

Popper suggère en effet de considérer un énoncé comme empiriquement informatif si et seulement s'il est testable ou falsifiable, écrit Alain Boyer,[125] c'est-à-dire en contradiction

[125] *Ibid.*, p. 280.

avec au moins un énoncé de base possible. Nous avons déjà insisté sur cette définition, mais précisons que le terme « *falsifier* » peut également signifier : « *Ce dont on peut démontrer empiriquement la fausseté* ». L'idée qui se dégage de cette définition, c'est l'aversion contre les systèmes de connaissances fondés sur des bases ultimes. Aussi va-t-il s'inspirer de la théorie de la relativité d'Einstein qui prédit de nouvelles conséquences, de nouveaux effets physiques et ouvre la voie à de nouvelles possibilités de soumission de la théorie à des tests.

1. Les traits saillants de la falsifiabilité

David Miller a dégagé 05 traits majeurs caractéristiques de la falsifiabilité :

> *1- L'induction n'est pas seulement illusoire, elle est inutile. Il convient de substituer à la méthode inductive la méthode déductive de la mise à l'épreuve empirique* [...]. *2- Il ne faut pas produire d'hypothèses dans les sciences empiriquement réfutables* [...] *3- Si la science doit pouvoir progresser, il n'y a pas lieu de craindre les erreurs, mais d'adopter des règles qui ont pour fin première de favoriser la réfutation des théories.* [...] *4- Il ne faut pas, à la différence des positivistes, réduire la méthodologie à la description de la manière dont les savants se comportent* [...] *5- Les énoncés de base auxquels les théories sont confrontées lorsqu'on les soumet à des tests sont eux-mêmes conjecturaux* [...] *L' « assise empirique » est une limite conventionnelle et non pas absolue. En conséquence, aucune réfutation n'est jamais concluante, ce qui ne l'empêche pas d'être une réfutation*[126].

En recentrant l'analyse inspirée du programme observationaliste, Karl Popper permet aux savants et aux lecteurs de comprendre que sa conception dynamique de la science met à mal le principe d'autoritarisme en science. Sa critique épistémologique s'éloigne des présupposés empiristes qui s'appuient sur les inférences inductives, qui

---

[126] D. Miller cité par Michèle Irène Brudny dans *Karl Popper, un philosophe heureux,* p. 75.

sont elles-mêmes fondées sur l'observation imparfaite. Non seulement Popper rejette le problème de l'induction qu'il considère comme un « *mythe* », mais aussi il le « *résout* » par son critère de démarcation. Le critère poppérien n'éprouve envers le « *mysticisme religieux* » [127] et la métaphysique aucune hostilité. Jean Ladrière l'a si bien noté :

> *Popper a repris le problème de la démarcation, mais l'a posé tout autrement. Alors que, pour les néopositivistes, il s'agissait de trouver un critère précis permettant de séparer ce qui est doué de sens et ce qui est dénué de sens, pour Popper il s'agit de trouver un critère permettant de distinguer la rationalité proprement scientifique d'autres formes possibles, non scientifiques, de rationalité* »[128].

Mais ceci étant admis, il fallait préciser la scientificité de théories scientifiques. Avec Popper, il y a un relâchement de la rigueur entre le sens et le non-sens, mais la rigueur de la démarche scientifique n'est pas entamée. C'est ce qui fait dire à Popper qu'une « *théorie est falsifiable dans le seul cas où nous avons accepté des énoncés de base qui sont en contradiction avec elle* »[129]. Popper introduit la falsifiabilité seulement comme critère du caractère empirique d'un système d'énoncés. « *Nous disons qu'une théorie est falsifiable dans le seul cas où nous avons accepté des énoncés de base qui sont en contradiction avec elle* »[130]. Dans cette perspective, les phénomènes singuliers non reproductibles n'ont pas de signification pour la science.

Comme on peut donc le constater, dans la cinquième thèse du falsificationnisme formulée par David Miller, « *l'assise empirique* » n'est jamais absolue. En effet,

---

[127] K. R. Popper, *La société ouverte et ses ennemis,* t. 2, p. 173.

[128] J. Ladrière, in « Courants d'antiscience, causes et significations », dans *Science et Antiscience*, (sous la direction de Jean-Louis Monneron), Paris, Le Centurion, 1981, p. 22.

[129] K. R. Popper, *La logique de la découverte scientifique,* p. 95.

[130] *Ibid.*, p. 85.

À aucune étape du développement scientifique, nous ne commençons par quelque chose qui ressemble à une théorie, une hypothèse, une opinion préconçue ou un problème qui en quelque façon guide nos observations, et qui nous guide à choisir par les innombrables sujets d'observations, ceux qui peuvent être intéressants[131].

2. Popper et l'assouplissement des frontières entre les énoncés empiriques et les autres formes d'énoncé

Popper assouplit la frontière entre les énoncés empiriques ou scientifiques et les autres formes d'énoncé. Pour lui, il ne saurait y avoir de barrière étroite entre ces différents énoncés. Pour l'illustrer, Popper se sert de la célèbre démonstration du caractère irrationnel de la diagonale du carré unité, c'est-à-dire du carré ayant 1 de côté et une surface mesurée par l'unité[132]; autrement dit, la démonstration de la racine carrée de 2. En effet, pour faire apparaître la différence entre la méthode arithmétique et pythagoricienne, il insiste sur le fait que l'on peut s'inspirer de la démonstration platonicienne du caractère irrationnel de la diagonale du carré unité, c'est-à-dire du carré ayant 1 de côté et une surface mesurée par l'unité.

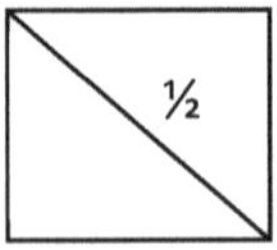

Le résultat est obtenu par le calcul, mais on ne peut pas prouver la validité de la transformation de la première figure en la seconde par l'arithmétique des points, ni même par la méthode des proportions : « *Cette impossibilité est établie par la célèbre démonstration du caractère irrationnel de la diagonale, c'est-à-dire de la racine carrée de 2, que l'on*

[131]K. R. Popper, *Misère de l'historicisme*, trad. Renée Bouveresse, Paris, Editions Presses Pocket, 1988, p. 131.
[132] K. R. Popper, *Conjectures et réfutations,* p. 134.

suppose bien connue de Platon et d'Aristote. Cela consiste à montrer que l'hypothèse $\sqrt{2} + n/m$ »[133].

1) Il s'agit de vérifier l'hypothèse selon laquelle $\sqrt{2}$ est égale au rapport de deux nombres entiers quelconques n et m conduits à une absurdité.

Or, note Popper, nous pouvons supposer que :

2) des deux nombres, n et m, pas plus d'un n'est pair. Car si les deux étaient pairs, nous pourrions supprimer le facteur 2 afin d'obtenir deux autres nombres naturels, n'et m', tels que n/m = n'm' et qu'au plus un seul des deux nombres n' et m' soit pair. Or, en élevant (1) au carré, nous obtenons

(3) $2 = n^2/m^2$

Puis (4) $2m^2 = n^2$

Et donc

(5) n est pair

Il doit donc y avoir un nombre naturel a tel que

(6) $n = 2a$

Et de (3) et (6) nous tirons

(7) $2m^2 = n^2 = 4a^2$

Et donc

(8) $m^2 = 2a^2$

Mais cela implique

(9) m est pair.

Il en résulte que (5) et (9) contredisent (2) qui stipule que « *des deux nombres, n et m, pas plus d'un n'est pair* ».

---

133 *Ibid.*

Finalement, Popper conclut que « *L'hypothèse selon laquelle il existe deux nombres naturels n et m dont le rapport est égal a $\sqrt{2}$ conduit à une conclusion absurde. Par conséquent, $\sqrt{2}$ n'est pas un ratio, c'est un nombre « irrationnel* » »[134]. Mais que vise réellement la procédure falsificationniste ?

B. Enjeux du falsificationnisme de Popper

1. Du falsificationnisme comme faillibilisme

En montrant ainsi qu'il n'y a pas de certitude en science, Karl Popper fait savoir que la science peut dériver de l'absurdité ou de l' « *irrationnel* ». Il n'est pas possible de tout justifier par le langage empiriste. Les êtres mathématiques tels que les chiffres, les nombres, les symboles mathématiques, ne sont pas empiriquement observables, mais participent du dynamisme de l'activité scientifique. Platon mit en évidence la mystique des nombres ou le « *caractère catastrophique de la découverte des nombres irrationnels* ». Dans *Métaphysique*, le disciple immédiat de Platon relève que « *La géométrie a pour caractéristique de s'occuper des nombres incommensurables ou irrationnels, par opposition à l'arithmétique qui traite « du pair et de l'impair* »[135].

Ces exemples permettent à Popper d'établir que

> *La science n'a rien à voir avec la quête de la certitude, de la probabilité ou de la fiabilité. Nous ne cherchons pas à montrer que des théories scientifiques sont sûres, certaines ou probables. Conscients de notre caractère faillible, nous cherchons uniquement à critiquer et à tester celles-ci, dans l'espoir de localiser nos erreurs, d'en tirer des enseignements*

---

[134] *Ibid.*, p. 135.
[135] Aristote, *Métaphysique*, tome I, notes par J. Tricot, Paris, J. Vrin, 1986, A. 3, 983 à 20 et K, 4, 1061b.

et, pourvu que cette chance nous soit accordée, de parvenir à de meilleures théories.[136]

Popper s'attaque ainsi au justificationnisme qui a voulu fonder la connaissance sur des bases ultimes. En ce sens, Kant et presque tous les philosophes et les épistémologues jusqu'au début du XXe siècle se sont trompés en croyant en la validité de la théorie newtonienne.

Cette théorie avait formulé les prédictions les plus surprenantes et les plus précises, et toutes s'étaient révélées remarquablement justes. Seuls ces ignorants pouvaient mettre en question sa vérité. (...) Henri Poincaré, le plus grand mathématicien, physicien et philosophe de sa génération, mort juste avant la Première Guerre mondiale, pensait tout comme Kant que la théorie newtonienne était vraie et irréfutable[137].

L'erreur de Kant, Poincaré et des autres est finalement d'avoir ignoré qu'Einstein a libéré la physique de cette « *foi paralysante en la vérité, incontestable de la théorie newtonienne* ». Pour ce dernier, la vérité est problématique et « *un savant doit donc examiner une théorie afin de savoir si elle peut faire l'objet d'une discussion critique* »[138]. Une théorie est intéressante quand elle est réfutable et audacieuse. Mais, « *Comme nous pouvons la soumettre à des tests plus précis et plus sévères, elle se prête mieux aux tests. Et si elle résiste aux tests sévères, elle sera mieux confirmée, ou mieux attestée par ces tests.* »[139]

Un autre problème que Popper a voulu résoudre est celui de la démarcation.

---

[136] K. Raimund Popper, *op. cit.*, p. 339.
[137] *Ibid.*, p. 285.
[138] P. Jacob, *De Vienne à Cambridge. Le positivisme logique en question*, p. 136.
[139] *Ibid.*

2. Souplesse du critère de démarcation science et non-science

L'analyse précédente a permis d'établir que le critère de démarcation ne saurait être rigide ou « *absolument strict* ». Au sujet de la démarcation, Popper trouve que l'effort de reconstruction scientifique de la philosophie et du monde par les logicistes viennois n'est pas pertinent. Pour lui, le fait de s'accorder sur un modèle et de s'ériger en norme de justification objective est à l'origine de l'intolérance des écoles philosophiques. C'est pourquoi il pense que la science et la philosophie sont distinctes. La philosophie se distingue particulièrement des sciences, car elle n'est pas nécessairement une construction théorique empiriquement justifiable. Contrairement à l'homme de science qui vise des données objectives, « le philosophe se trouve dans une tout autre situation. Il n'est pas devant un édifice, mais devant un champ de ruines. Il ne peut pas se rattacher à une situation du problème universellement reconnu ». [140] Popper va même plus loin et pense qu'il n'y a pas de science philosophique ; par conséquent, la possibilité d'une réforme scientifique de la philosophie, voire la possibilité d'une discussion philosophico-scientifique est vouée à l'échec. C'est pourquoi il se demande s'il « y a un critère qui permette de distinguer les affirmations scientifiques des affirmations métaphysiques ». [141] L'idée qui se dégage, c'est que les énoncés non empiriques, c'est-à-dire métaphysiques, ne sont pas absolument dépourvus d'intérêt comme l'ont pensé Wittgenstein et plus tard les néopositivistes. Popper ne trace pas une ligne de démarcation entre la science et la métaphysique de telle sorte que la métaphysique soit placée à l'extérieur d'un langage doué de signification, comme si elle

---

[140] K. R. Popper, *Les deux problèmes fondamentaux de la théorie de la connaissance,* trad.fr. Christian Bonnet, Edition Hermann, Paris, 1999, p. 355.

[141] *Ibid.*, p. 360.

était dénuée de signification.[142] À ses yeux, il existe un domaine philosophique situé à l'extérieur de la science, et ce domaine, il l'appelle le domaine métaphysique. Il est donc difficile de déterminer où s'arrêtent les frontières de la science. Il dit fort à propos que

> *Considérées d'un point de vue historique, toutes les sciences empiriques sont issues de la science non empirique, la ''métaphysique'' spéculative et philosophique. Et les moins hautement développées d'entre elles portent encore de manière visible les traces de leur passé métaphysique. La démarcation à l'égard de la métaphysique est donc pour elles de la plus grande importance. Si l'on voulait brièvement circonscrire le champ le plus strict du problème de la démarcation, la meilleure façon de le faire tiendrait peut-être en deux mots-clés : expérience et métaphysique.*[143]

Éclairé par l'attitude critique, Popper estime que l'adhésion à un programme justificationniste repose sur une démarche subjectiviste et contradictoire car

> *Cette théorie était fondée sur une conception naïve et « naturaliste » du problème de la signification ; qui plus est, à cause de leur désir fébrile d'éliminer la métaphysique, les défenseurs de cette théorie n'avaient pas remarqué qu'ils jetaient toutes les théories scientifiques dans le même panier que les théories métaphysiques « dénuées de signification »*[144].

C'est pour toutes ces raisons que Popper insiste sur la nécessité de reconnaître l'infinité de notre ignorance, afin d'accroître notre connaissance.

3. Méthodologie du rationalisme critique

Le postulat de la croissance du savoir occupe une place centrale dans le « code falsificationniste », selon une expression de l'une de ses meilleures commentatrices Michèle Brudny. C'est aussi cet héritage qu'Imré Lakatos va

[142] *Ibid.*, p. 137.
[143] *Ibid.*, p. 362.
[144] *Ibid.*, p. 140.

revendiquer de son maître Popper. Nous reviendrons sur l'attachement de Lakatos, de Feyerabend et de Thomas Sanders Kuhn à Popper. Le faillibilisme poppérien met l'accent sur la notion d'approximation de la vérité et par conséquent sur la présomption que la science fonctionne par une approche progressive de la vérité. Popper est motivé par l'idée que toutes nos connaissances sont conjecturales.

Contrairement aux inductivistes, aux fondationnalistes, Popper s'inspire du présocratique Xénophane qui a souligné l'infinité de notre ignorance ou le caractère faillible de la connaissance. Pour Popper, l'activité scientifique est faillible tout simplement parce qu'elle est humaine. En ce sens, faillibilité et progrès de la connaissance sont liés, car en reconnaissant le sous-développement des potentialités humaines, le savant cherche inlassablement la vérité à travers la procédure d' « *essais et d'erreurs* ». Il affirme en ce sens qu'« *Il n'existe pas de démarche plus rationnelle que de procéder par essais et erreurs, par conjectures et réfutations : de proposer hardiment des théories, de consacrer tous nos efforts à faire apparaître qu'elles sont erronées et d'y souscrire par provision lorsque nos tentatives pour les critiquer n'ont pas abouti.* »[145]

Particulièrement, avec la méthode des conjectures et réfutations, la connaissance empirique progresse constamment et « *disparaîtrait* » si le savant décidait de renoncer à sa quête du savoir ou de la vérité. On comprend alors pourquoi Popper dans son combat contre le dogmatisme affirme que « *Toutes les lois, toutes les théories demeurent, par leur nature même, provisoires, conjecturales ou hypothétiques, même lorsque nous nous estimons impuissants à les mettre plus longtemps en question.* »[146]

---

[145] K. Raimund Popper, *Conjectures et réfutations, op. cit.*, p. 87.
[146] *Ibid.*

Cette conviction s'explique par le fait que le progrès est au cœur de la science. Le savant soumet ses théories aux tests empiriques sévères, afin de rejeter celles qui ne prédisent pas des faits inédits. L'accumulation d'expérience serait un « *obstacle épistémologique* », car elle favorise plutôt la stagnation du savoir et consiste un frein au progrès humain. L'erreur étant inscrite dans la nature humaine, l'homme doit se méfier des observations accumulées, des mythes, des préjugés du milieu, de la tradition, en les soumettant à la critique. L'admission d'une vérité ou d'une certitude ne serait d'aucun intérêt pour la science. Tel un chrétien dissident, l'homme de science doit perpétuellement remettre en question ses connaissances, ce qu'il sait et reçoit de son entourage. La vérité crédible est celle qui est assortie d'un degré élevé de pouvoir explicatif résultant de la volonté du sujet. Kant a en effet montré que nous ne sommes pas des réceptacles passifs, que l'homme intervient activement dans le processus de la connaissance. Sur ses traces, Karl Popper admet que la vérité scientifique a un avenir :

> *Nous ne nous tenons pas pour satisfaits de savoir que « deux fois deux égalent quatre », même si l'assertion est vraie : nous ne nous en remettons pas à la table de multiplication lorsque nous avons affaire à un problème ardu de topologie ou de physique. La simple vérité ne nous suffit pas.*[147]

C'est la recherche maximale et constante de la vérité qui motive l'entreprise scientifique. En partisan de l'invalidation en matière de connaissance scientifique, Popper estime qu'il est important de privilégier une tentative de solution d'

> *Un problème intéressant qui consisterait à avancer une conjecture audacieuse, même (et surtout, si cette conjecture doit bientôt se révéler fausse, contre toute énumération de truismes dénués d'intérêt) si notre préférence va à une telle démarche, c'est que nous estimons être ainsi en mesure de tirer un enseignement de nos erreurs : en découvrant que la*

[147] *Ibid.*, p. 340.

conjecture en question était fausse, nous aurons beaucoup appris quant à la vérité, et nous nous en serons davantage approchés.[148]

D'après Popper, qui est un fervent militant de l'audace intellectuelle, le savant ne doit pas avoir peur des erreurs, car en s'approchant de plus en plus de la vérité, en multipliant les erreurs, l'homme s'instruit. La peur ou l'absence d'erreurs enferme dans la circularité des faits et empêche de découvrir de nouveaux horizons ou de nouvelles perspectives. C'est pour cela qu'il affirme qu'

Il est très rare que l'on découvre en histoire des renseignements nouveaux susceptibles de jouer le rôle qu'ont joué en physique certaines expériences cruciales, comme celle de l'éclipse qui a permis de départager les théories de la gravitation de Newton et d'Einstein.[149]

La méthode scientifique d'après Popper consiste à établir des faits ou facteurs capables d'infirmer les données anciennes. Le test empirique dans cette optique n'est pas celui de finalité ni de signification, mais de progrès. C'est pourquoi, à ses yeux, « *Accepter cette idée que l'erreur est possible et que la quête de la certitude, ou même d'une haute probabilité, est vaine n'implique pas qu'on aurait tort de chercher la vérité. L'idée d'erreur implique, au contraire, déjà que la vérité est notre but* ».[150]

Pour Popper, la possibilité d'erreur subsiste toujours. L'important, pour le philosophe ou le savant, c'est d'avoir peur qu'un problème trouble son esprit pour se contenter paresseusement de ce qu'il aperçoit et entend. Il doit, en un mot, ouvrir son regard à de nouveaux horizons. Sinon, la science n'évoluerait pas, puisque depuis l'Antiquité, il n'y a pas une seule théorie qui n'ait été contredite. Pour mieux éclairer la thèse de la vérisimilarité, Popper affirme que

---

[148] *Ibid.*, p. 342.
[149] *Ibid., La société ouverte et ses ennemis*, t. 2 : *Hegel et Marx,* p. 178.
[150] *Ibid.*, p. 140.

La théorie de Kepler, qui donne avec beaucoup de précision la trajectoire des planètes, contient une grande part d'informations exactes tout en étant fausse, puisqu'il se produit en fait des déviations dans les ellipses de Kepler. La théorie de Newton, même si nous la tenons pour fausse, contient à notre connaissance une quantité impressionnante d'informations exactes bien plus que celle de Kepler. Elle serre donc de plus près la vérité. Ce qui ne la rend pas encore vraie.[151]

Pour Popper, le développement de la connaissance scientifique voire de la connaissance en général ne doit pas s'arrêter, car le caractère empirique et rationnel de la connaissance scientifique repose sur sa progression constante. La méthode par essais et erreurs est instructive, dans la mesure où nous tirons des enseignements de nos erreurs. Ainsi perçue, l'approche progressive de la vérité est heuristique et permet de combattre le dogmatisme et la stagnation de la connaissance. Sinon, comment expliquer la pluralité des théories dans l'histoire des sciences ?

Les multiples exemples historiques montrent que les théories de Kepler et de Galilée se sont trouvées unifiées et supplantées par celle de Newton, qui était logiquement plus forte et se prêtait davantage à être testée. Il en est de même, explique Popper[152], de la théorie de Maxwell par rapport à celle de Fresnel et de Faraday. La théorie de Newton et celle de Maxwell ont été, à leur tour, unifiées et dépassées par celle d'Einstein. Chez Popper, « *Les théories scientifiques qui visent l'explication ne sont rien que des tentatives pour résoudre des problèmes scientifiques, c'est-à-dire des problèmes liés à la découverte d'explications.* »[153]

Nous comprenons en ce sens que la contribution la plus durable qu'une théorie puisse apporter au développement de la connaissance scientifique réside dans la résolution des

---

[151] *Ibid.*, p. 192.
[152] K. R. Popper, *Conjectures et réfutations, op. cit.*, p. 326.
[153] *Ibid.*, p. 329.

problèmes inédits. C'est fort de ce constat que « *Tarski nous a appris que des régions considérables des mathématiques sont essentiellement incomplètes* »[154].

Le caractère hypothético-déductif des théories mathématiques peut suffire à rendre compte d'une telle situation. En effet, la controverse sur les fondements des mathématiques (querelle visant à savoir si elles sont abstraites ou empiriques) permet de comprendre qu'il n'est pas possible de démontrer que toutes les propositions mathématiques sont vraies ou pertinentes. Toujours au sujet des mathématiques ou de la logique mathématique, Popper affirme que dans le domaine inépuisable de l'infini dont Gödel, Tarski et Robinson en particulier sont des critiques, « *L'œuvre de Gödel trouve son sens dans la critique qu'elle fait de toutes les orientations de recherche qui faisaient école il y a quarante ans : logicisme, formalisme et intuitionnisme.* »[155]

À la suite de Popper, on peut multiplier des exemples pour illustrer que nous ne pouvons que nous approcher de la vérité ceci à cause du « *sous-développement des potentialités de l'esprit humain* »[156].

En effet, les exemples qui précèdent ont permis de comprendre que l'histoire des sciences est animée par des théories qui se succèdent, se contredisent; néanmoins, elles témoignent de la vitalité de la science. C'est en tout cas ce qui motiva Popper à soutenir qu'« *à l'intérieur de la science (...) il existe un critère de progrès.* »[157]

À travers son critère de « *vérisimilarité* », l'on note un rapprochement avec la « *connaissance approchée* » de

---

[154] K. Popper, *A la recherche d'un monde meilleur, op. cit.*, p. 108.
[155] *Ibid.*, p. 110.
[156] E. Morin, *La méthode 3. La connaissance de la connaissance*, t 1, Paris, Seuil, 1986, p. 227.
[157] K. R. Popper, *Conjectures et réfutations, op. cit.*, p. 321.

Gaston Bachelard, pour qui la science se fait par rectifications progressives et successives. Nous lisons sous la plume de l'auteur de *La formation de l'esprit scientifique* qu' « *en fait, la science contemporaine s'instruit sur des systèmes clos, sur des unités parcellaires* »[158].

De ce qui précède, retenons que Karl Popper est un partisan du réalisme, c'est-à-dire un auteur qui pense que la réalité existe indépendamment de notre volonté. Le but de l'activité scientifique est de chercher par l'exercice de la raison des théories qui vont approcher la vérité, sachant qu'on ne l'atteint jamais. Finalement, Popper propose trois conditions nécessaires au progrès de la connaissance ou dans son approche progressive de la vérité :

> *Voici le premier : il est nécessaire que la nouvelle théorie procède d'une idée unificatrice simple, inédite et puissante quant à un lien ou un rapport quelconque* [...] *cette condition de simplicité comporte une part d'imprécision, et il ne paraît pas très aisé de l'énoncer de manière parfaitement claire.* [...] *Nous exigeons en effet également que la nouvelle théorie puisse être testée de manière indépendante. Elle ne doit pas seulement expliquer tous les phénomènes qu'on la destine à élucider, mais il est nécessaire qu'elle comporte des conséquences nouvelles et susceptibles d'être testées (d'un inédit, de préférence) : elle doit permettre de prédire des phénomènes qui n'ont pas été observés jusqu'alors*[159].

Popper soutient ainsi que la tâche qui consiste à s'approcher davantage de la vérité repose sur plusieurs réquisits. La nouvelle théorie doit résoudre, autant que faire se peut, un certain nombre de difficultés d'ordre théorique. Elle doit permettre, pense-t-il, de faire l'économie de certaines hypothèses *ad hoc* ou encore d'unifier deux théories. C'est dans le chapitre IV, la « *falsifiabilité* » de *La logique de la découverte scientifique* que Popper, critiquant le

---

[158] G. Bachelard, *La formation de l'esprit scientifique*, Paris, J. Vrin, 11e édition, 1980, p. 20.

[159] K. R. Popper, *Conjectures et réfutations*, *op. cit.*, pp. 356-357.

conventionnalisme, suggère des périodes de « *conflits* » ou de crises, de même que certains moyens d'y remédier :

> *Chaque fois que le système « classique » du jour sera menacé par les résultats de nouvelles expériences qui pourraient, selon mon point de vue, être interprétés comme des falsifications, le système paraîtra ébranlé aux yeux d'un conventionnaliste. Il dissipera les incohérences pouvant s'être manifestées, soit en rendant responsable notre maîtrise insuffisante du sujet traité, soit en suggérant l'adoption ad hoc de certaines hypothèses auxiliaires, voire de certains ajustements de nos instruments de mesure.*[160]

En temps de crise, certains instruments peuvent être ajustés, l'édification d'un nouveau système scientifique passe certes par l'expérience falsifiante qui ouvre sur de nouvelles perspectives, sur un « *monde d'expériences nouvelles* », mais Popper s'éloigne de la philosophie conventionnaliste qui vise la « *ruine totale de la science* », en tentant de la fonder définitivement. Il ajoute : « [...] *Mais l'édification d'une nouvelle structure, l'audace qui fait notre admiration, équivalent pour le conventionnaliste à la ruine totale de la science.* »[161]

Popper n'a donc pas explicitement souscrit à l'abandon des théories non falsifiées comme le soutiennent malheureusement Alan Sokal et Bricmont.[162] Il ne s'oppose pas explicitement aux hypothèses *ad hoc*, même si on peut noter comme un mépris à leur égard. Dans *Conjectures et réfutations*, il écrit au sujet de la deuxième condition que la nouvelle théorie peut être testée de manière indépendante, qu'elle doit permettre de prédire des phénomènes qui n'ont pas été observés jusqu'alors. Puis il précise : « *C'est là une condition qui me paraît indispensable si l'on veut éviter*

---

[160] K. R. Popper, *La logique de la découverte scientifique,* p. 78.
[161] *Id.*
[162] A. Sokal et J. Bricmont, *Impostures intellectuelles*, 1999, Edition américaine, p. 104.

d'avoir affaire à une théorie ad hoc »[163]. Ce qui est important de relever, c'est que Popper ajoute qu'« *il est, en effet, toujours possible de formuler une théorie qui convienne à un ensemble d'éléments à expliquer* »[164]. Ce qui laisse penser que Popper reste optimiste pour l'amélioration des théories ad hoc ou non falsifiées.

> *Il apparaît clairement que le simple fait qu'une théorie puisse être testée de manière indépendante ne suffit pas par lui-même à exclure qu'elle ait un caractère ad hoc. Il demeure en effet toujours possible en ayant recours à un stratagème élémentaire, de faire qu'une théorie ad hoc se prête à des tests indépendants.*[165]

L'intérêt de la deuxième condition au progrès de la connaissance est justifié par le fait qu'elle constitue une « *avancée potentielle* » qu'« *Elle se prête en effet mieux à être testée que* la *précédente théorie* »[166]. Cependant, Popper formule une troisième condition pour une approche progressive de la vérité, même si à ses yeux la deuxième condition est le « *garant d'une fécondité* » plus ou moins importante : *« Il nous faut exiger que cette théorie passe, avec succès, un certain nombre de tests nouveaux et très rigoureux à la fois. »*[167]

Cette troisième condition diffère des deux précédentes en ce sens qu'il s'agit cette fois d'un « *réquisit d'ordre matériel* ». En ce sens, ce n'est qu'en testant plus empiriquement la nouvelle théorie que l'homme de science peut établir qu'elle est satisfaite. Il s'agit d'une condition nécessaire et relative au succès empirique. Popper affirme que « *toute réfutation doit être tenue pour une grande*

---

163 K. R. Popper, *Conjectures et réfutations*, p. 357.
164 *Id.*
165 *Id.*
166 *Id.*
167 *Ibid.*, p. 358.

réussite »[168]. Il insiste et dit avec beaucoup d'assurance que « *si la troisième de nos conditions ne se trouve pas satisfaite dans un nombre raisonnable des cas, il deviendrait impossible à la science de continuer à progresser.* »[169] D'après l'auteur, la science cesserait de progresser et perdrait son caractère empirique s'il nous devenait impossible de produire des réfutations.

De ce qui précède, notons que la méthode expérimentale n'est pas, chez Popper, un critère satisfaisant pour distinguer la science de la pseudo-science. La scientificité d'une théorie dépend de sa possibilité à être réfutée ; c'est-à-dire d'être infirmée par l'expérience. C'est à bon droit que Karl Popper est considéré comme un partisan du réalisme. C'est d'ailleurs autour de cette base réaliste qu'il oriente son « *épistémologie sans sujet* », susceptible de garantir « *la connaissance objective* » qui occupe une place importante dans ses travaux.

C. Popper et le problème de l'objectivité

Pour Freeman et Skolimowski, « *Popper montre un extraordinaire degré de cohérence en reliant tous les aspects de son épistémologie et de sa méthodologie à la seule idée de réfutabilité, en particulier dans sa période classique de la logique de la découverte et de conjectures et réfutations.* »[170]

Ces propos mettent davantage l'accent sur l'impact du fameux critère de démarcation de l'épistémologie poppérienne. Ce critère, rappelons-le au passage, a permis la résolution du problème de l'induction, de la distinction entre les énoncés empiriques et les pseudo-énoncés. Il permet également de distinguer l'un des caractères spécifiques de l'activité scientifique, la prétention à l'objectivité.

---

[168] *Ibid.*, p. 359.

[169] *Id.*

[170] F. H. Skolimowski, cité par Alain Boyer, in *Introduction à la lecture de Karl Popper,* p. 13.

Le débat sur l'objectivité a suscité dans l'histoire des idées et de la science moderne de vifs débats. Popper a sans doute été déçu par les interprétations et conceptions subjectivistes antérieures. C'est pourquoi dans la *Quête inachevée*, il fait cette mise au point : « *Beaucoup de mes travaux, ces dernières années, se sont attachés à défendre l'objectivité, à attaquer et contre-attaquer les positions subjectivistes.* »[171]

À travers ces propos, Popper marque davantage son option pour le réalisme épistémologique. Audacieux, il récuse toutes les variantes du psychologisme et du subjectivisme, aussi bien dans les sciences elles-mêmes qu'en épistémologie, considérée comme une discipline carrefour. Il s'agit pour Popper de rendre compte du réel loin des différentes formes d'idéalisme qui mettent à mal toute prétention à l'objectivité. Nous avons déjà vu que l'épistémologie poppérienne est fondée sur la décision du savant, lequel tranche sur le destin des théories scientifiques. L'entreprise scientifique consiste en ce sens à soumettre nos théories aux tests empiriques afin de choisir celles qui se défendent le mieux dans la compétition avec d'autres théories. Conformément à la théorie de la sélection naturelle défendue par Darwin, les meilleures théories sont celles qui résistent à l'épreuve des tests les plus sévères. Il apparaît que la conception de l'objectivité scientifique chez Popper est étroitement liée aux énoncés de base, c'est-à-dire des énoncés empiriques susceptibles de servir de prémisse à une réfutation. C'est dans une telle logique que nous comprenons les propos suivants : « *Par théorie objective j'entends : théorie discutable, qui peut faire l'objet d'une critique rationnelle, que l'on peut tester ; autrement dit, une théorie qui ne fait pas seulement appel à nos intuitions subjectives* »[172].

---

[171] K. R. Popper, *La quête inachevée,* p. 195.
[172] *Ibid.*

Pour Popper, nous pouvons construire une théorie objective de la perception subjective. Car il n'existe pas de donnée sensorielle visuelle sans interprétation du sujet. Il écrit que « *Mon usage des termes « objectif » et « subjectif » ressemble assez à celui de Kant. Ce dernier utilise le mot « objectif » pour indiquer que la connaissance scientifique devrait pouvoir être justifiée indépendamment du caprice de quiconque* »[173].

Popper s'oppose ainsi à « *l'objectivité pureté* » [174] du Cercle de Vienne. Il s'était agi pour les membres de ce « *mouvement concerté* », selon la formule de Willard Orman Van Quine, de justifier l'objectivité de la science en la fondant sur « *un noyau ferme de connaissance indubitable.* » Dans cette perspective réductionniste, l'objectivité est garantie par l'assise observationnelle. Ce que dénonce avec fermeté Karl Popper.

Rendant hommage à Kant, il relève que l'objectivité des énoncés scientifiques est étroitement liée à la construction des théories et à l'utilisation d'hypothèses et d'énoncés universels qui accompagnement cette construction. Ainsi donc, l'objectivité des énoncés scientifiques dépend, à chaque instant, des tests intersubjectifs. Les énoncés dits objectifs doivent pouvoir être soumis à des tests intersubjectifs qui éloignent de toute subjectivité. En ce sens, l'objectivité scientifique dépend du caractère commun et spécifique à toutes les sciences. La testabilité intersubjective, contrairement à la logique inductive, est satisfaisante, car elle fait prendre conscience de la faillibilité humaine. La doctrine de la faillibilité consubstantielle de l'homme, loin d'être une « *théorie pessimiste de la connaissance* », montre que nous

---

[173] K. R. Popper, *La logique de la découverte scientifique*, p. 41.

[174] E. Malolo Dissake, « L'objectivité pureté, le Cercle de Vienne et son opposition officielle » dans La Revue philosophique africaine *Maât*, 2e année, 2 janvier 2002, pp. 65-94.

n'atteignons pas nécessairement la vérité objective. D'après cette doctrine,

> *Nous sommes en mesure de rechercher la vérité, la vérité objective, même si, le plus souvent, nous manquons de beaucoup notre but. Si nous avons le respect de la vérité, nous devons rechercher celle-ci en cherchant obstinément à mettre au jour nos erreurs : par une critique rationnelle et une autocritique de tous les instants.*[175]

Emmanuel Malolo Dissake a beau jeu dans cet ordre d'idées de déclarer que « *C'est sur la question de l'objectivité que Popper se serait opposé au Cercle de Vienne, entendu que cette question est la question par excellence de la science* »[176].

Karl Popper hérite des « *fils de Hume* » *l'idée que « toute science a pour but une connaissance « intersubjective »*, c'est-à-dire valable pour tous les *sujets* »[177]. Avant les « *tensions internes fortes* » au sein du Cercle de Vienne qui a voulu apparaître comme « *un front uni* », il s'était agi de construire logiquement le monde à partir de la base factuelle. Popper s'éloigne du phénoménalisme et du physicalisme des empiristes classiques et modernes. Il condamne le psychologisme épistémologique qui veut expliquer l'objectivité de la science à partir des observations subjectives ou des expériences du sujet, car « *l'expérience passive n'existe pas (...) la perception existe seulement dans le contexte d'intérêts et d'attentes* ».[178]

Alain Boyer observe pertinemment que « C'est donc au niveau de la base empirique que se trouve la « *rencontre* » entre nos théories et la « *réalité* », ce moment qu'il faut bien assumer, si l'on ne veut pas tomber dans l'idéalisme. Comme

---

[175] K. R. Popper, *Conjectures et réfutations, op. cit.*, p. 36.
[176] E. Malolo Dissake, « L'objectivité pureté, le Cercle de Vienne et son opposition officielle », *op. cit.*, p. 65.
[177] A. Soulez, *Manifeste du Cercle de Vienne, op. cit.*, p. 132.
[178] K. R. Popper, *La quête inachevée*, p. 68.

le signale Popper, c'est lorsque l'expérience dit « *non* » à nos hypothèses que nous nous apercevons que tout n'est pas totalement « *construit.* »[179]

Au total, l'épistémologie poppérienne met l'accent sur la procédure de testage empirique des théories. C'est ainsi que le contrôle intersubjectif permanent est considéré comme la panacée qui permet de lutter contre le psychologisme et de communiquer les théories ou les hypothèses à autrui. C'est dire que « *la possibilité toujours offerte d'un contrôle en retour* », selon la formule de Michel Serres, doit être assurée.

Sans doute importe-t-il de souligner que le critère d'objectivité chez Popper est lié à son critère de démarcation entre les énoncés empiriques et les énoncés non scientifiques dont on a l'expérience chez les marxistes et les psychanalystes. Ces derniers ont tort d'après Popper, de se débarrasser de toutes les objections. La méthode scientifique d'après le « *philosophe heureux* »[180] est caractérisée par une exigence du débat public, qui se présente sous deux aspects. Le premier est que toute théorie, si inattaquable qu'elle apparaisse à son auteur, peut et doit inviter à la critique ; l'autre est que, pour éviter les équivoques et les malentendus, elle doit être soumise à l'expérience dans des conditions reconnues par tous.[181]

Popper ne croit pas en l'idée d'une « *science révélée* » ou individuelle. C'est pourquoi à ses yeux, Robinson Crusoé ne pouvait pas construire un système scientifique parfaitement conforme aux résultats acceptés par une communauté scientifique. C'est donc dire qu'aucune discipline mentale ou individuelle ne peut prétendre à l'objectivité scientifique, en

---

[179] A. Boyer, *Introduction à la lecture de Karl Popper*, *op. cit.*, p. 22.

[180] Voir le titre de l'ouvrage M. Irène Brudny, *Karl Popper, un philosophe heureux.*

[181] K. R. Popper, *La société ouverte et ses ennemis*, t. 2, p. 149.

ce sens que « *celle-ci repose sur d'autres bases ; elle suppose la coopération amicale ou critique de plusieurs savants.* »[182]

La critique et l'expérience réciproques sont donc au fondement de l'objectivité chez Popper. Tant que cette dernière n'est pas concluante, un résultat est toujours susceptible de révision. C'est pourquoi il dit, « *En résumé, on peut dire que ce que nous dénommons l'objectivité scientifique n'est pas dû à l'impartialité personnelle du savant, mais au débat public que suppose la méthode scientifique* »[183].

1. La théorie poppérienne des trois mondes : de la connaissance subjective à la connaissance objective

Dans *La quête inachevée*[184] et *La connaissance objective*, Karl Popper explique également le processus de la « *connaissance objective* » à travers sa théorie des trois mondes.

- Le monde 1 qui est celui des réalités de l'expérience externe.

- Le monde 2 est celui de nos expériences conscientes et de la connaissance subjective. C'est celui de la psychologie, de la perception et des sentiments, y compris des expériences subconscientes et inconscientes. Le monde 2 met l'accent sur les mécanismes subjectifs de la pensée. Aussi, Popper prend-il l'exemple d'un tableau qu'il connaît bien[185]. Il révèle qu'il lui arrive de devoir faire un certain effort pour se le remémorer, pour le « *revoir* » par la pensée. Il poursuit qu'il peut faire la distinction entre a) le vrai tableau, b) le processus imaginatif qui demande un effort et c) le résultat

182 *Id.*
183 *Ibid.*, p. 150.
184 K. R. Popper, *La quête inachevée*, *op. cit.*, chap. XXXVIII, pp. 254-271.
185 *Ibid.*, p. 255.

plus ou moins réussi, c'est-à-dire le tableau imaginé. Ce tableau imaginé appartient ici au monde 2, tout comme le processus qui permet d'imaginer.

- Le monde 3 auquel Popper accorde sa préférence est celui de la connaissance objective, représenté par un ensemble de théories, de livres, de données, de mémoires d'ordinateurs, mieux de la quantité d'informations que nous avons à notre disposition et qui existe indépendamment de la relation que nous avons avec elles. D'après l'auteur, le passage de la connaissance subjective à la connaissance objective est déterminé par l'énoncé écrit de cette connaissance théorique qui, devenue une donnée, peut être soumise à la critique et à l'expérimentation. Dans cette optique, Einstein a eu raison de démontrer « *qu'à la lumière de l'expérience, il était possible de mettre en doute nos présuppositions concernant l'espace et le temps* »[186]. D'après Popper en effet, les livres et les journaux ne peuvent être considérés comme des objets typiques du monde 3, (enlever) que s'ils développent et discutent une théorie : « *L'aspect physique du livre n'a, bien sûr, aucune importance, et le fait même qu'il n'ait pas d'existence physique ne lui enlève rien de son appartenance au monde 3 : il suffit de penser à tous les livres « perdus » à leur influence, et aux recherches dont ils sont l'objet* ».[187]

2. La préférence de Popper pour le monde 3

Popper récuse ainsi l'aspect physique ou le monde externe : le savant ou historien des sciences devrait donc s'intéresser aux objets du monde 3.

Il ajoute qu'au départ

> *Un physicien peut s'intéresser essentiellement aux objets du monde 1, aux cristaux, par exemple, aux rayons X. Mais très*

---

[186] K. R. Popper, *La société ouverte et ses ennemis*, t. 2, p. 150.
[187] K. R. Popper, *La quête inachevée, op. cit.*, p. 257.

vite, il va s'apercevoir qu'énormément de choses dépendent de notre interprétation des faits, c'est-à-dire de nos théories, et donc des objets du monde 3.[188]

Dans le processus de la connaissance, nous entrons en contact avec le monde par nos expériences, lesquelles sont vécues dans le monde 2, le monde mental. Celles-ci sont influencées par l'ensemble des connaissances, des théories et des représentations que nous avons dans le monde 3. En ce sens, le livre que nous lisons en tant que réalité matérielle, comme celui que nous tenons dans les mains présentement, appartient au monde 1. L'expérience qui résulte de la lecture et les sentiments qui en découlent ou surgissent en moi appartiennent au monde 2, puisqu'ils ne sont pas des sentiments purs. Ils sont conditionnés par mes grilles perceptives et mes connaissances du monde 3. Il en ressort que la nouvelle approche de la connaissance objective que Popper édifie consacre l'autonomie du monde 3 et fait valoir que « *c'est nous qui créons les objets du monde3.* »[189] Notre connaissance subjective du monde 2 est influencée par le monde 3. Sous cet angle, il n'existe pas d'expérience ou d'observations pures, observations qui seraient imprégnées de théories.

En résumé, Popper affirme que la connaissance objective est une particularité humaine, qu'il existe finalement une corrélation entre les trois mondes, chaque monde étant ouvert sur l'autre, de même que sur « *un ailleurs indéterminé* ». Toutefois, la vision du monde 3 permet

Une généralisation dans un autre sens. Nous pouvons considérer le monde des problèmes, des théories et des raisonnements critiques comme un cas particulier, comme une vision « étroite du monde 3, comme la province logique et intellectuelle du monde 3[190].

[188] *Id.*
[189] *Ibid.*, p. 262.
[190] *Ibid.*, p. 263.

Relevons de ce qui précède que Popper a élaboré sa théorie des sciences sur la base de son critère de démarcation. Comme le dit Jean-François Malherbe,[191] le rationalisme critique de Karl Popper a donc permis à la critique des sciences de faire un pas en avant en deçà duquel trop de discussions se situent encore. C'est cette approche rationaliste et critique qui inspire les auteurs comme Thomas Kuhn, Imré Lakatos et Paul Feyerabend, comme on le verra dans la partie terminale qui suit.

[191] J. F. Malherbe, La *philosophie de Karl Popper et le positivisme logique, op. cit.*, pp. 169-170.

TROISIÈME PARTIE

Les enjeux d'une querelle : Wittgenstein, vainqueur de Popper ?

Si l'originalité de Popper a consisté à « tuer » le dogmatisme du positivisme logique et en particulier le logicisme de Wittgenstein, on se demande bien si l'épistémologue autrichien a pu imposer les « standards scientifiques » du falsificationnisme à ses héritiers tels que Thomas Kuhn, Imre Lakatos et Paul Feyerabend. En d'autres termes, l'approche poppérienne a-t-elle vraiment eu raison du wittgensteinisme ? Les défauts de la procédure wittgensteinienne n'ont-ils pas permis de passer du vérificationnisme au jeu du langage et de déboucher par conséquent sur la crise de l'épistémologie ?

Commençons par examiner le passage du vérificationnisme au jeu du langage. Nous voulons faire voir que Wittgenstein n'a pas attendu la critique acerbe de Popper pour revisiter son logicisme et ensuite l'abandonner. Wittgenstein fustige désormais, dans ses nouvelles orientations épistémologiques, le dogmatisme sclérosant de son ancien mode de philosopher, lequel consistait à répondre, une fois pour toutes, indépendamment de toute expérience ultérieure, aux importantes questions qu'il se posait. Un nouveau paradigme de la proposition verra le jour dans une perspective pragmatiste et conventionnaliste, perspective vers laquelle vont plus se pencher les critiques des thèses du falsificationnisme.

CHAPITRE 5

Du vérificationnisme aux jeux du langage

A. Les paradoxes du *Tractatus* ou Wittgenstein contre Wittgenstein

Le texte d'Elisabeth Rigal qui sert d'avertissement au deuxième et dernier ouvrage que Wittgenstein publia de son vivant, et qui est intitulé *Quelques Remarques sur la Forme Logique*, dit explicitement ceci :

> *« En 1929, après quelque dix ans de silence, Wittgenstein revint à la philosophie.* [...] *Ces remarques, si brèves soient-elles, n'en désignent pas moins philosophiquement parlant une étape décisive dans le cheminement de la pensée de Wittgenstein. Elles constituent en effet, ainsi que nous avons tenté de le montrer ailleurs, le texte du tournant, c'est-à-dire celui dans lequel l'édifice du « Tractatus » s'effondre tout entier. »*

Ce constat posé, elle ajoute :

> *« « Quelques Remarques sur la Forme Logique » déterminent donc le point de non-retour qui contraindra la pensée de Wittgenstein à se séparer d'elle-même dans les années 30, et à ce titre, elles sont un texte essentiel pour qui veut s'instruire sur la difficile question de l'unité de deux modes du philosopher dans lesquels Wittgenstein s'était engagé. »*

De fait, le « tournant » porte sur la remise en question de l'atomisme logique, relativement à l'incomplétude du symbolisme logique. Cependant, il faudrait se garder de penser, comme ne manque pas de le faire Elisabeth Rigal, que l'ouvrage *Quelques Remarques sur la Forme Logique* suffit seul à rendre compte de ce dépassement. Wittgenstein aura rédigé plusieurs autres ouvrages dans le même esprit, ouvrages que nous rangeons au même titre que le précédent dans le moment transitoire du logicisme au postmodernisme.

Il s'agit, entre autres, des *Remarques philosophiques*, des différentes leçons publiées par certains de ses élèves, des *Remarques sur le Fondement des Mathématiques et de la Grammaire philosophique*.

Outre le rejet de l'atomisme logique, l'autocritique de notre auteur porte sur : les interprétations du Cercle de Vienne ; le mysticisme ; les tautologies ; la démarcation sens et non-sens ; l'essence et la tripartition des propositions.

1. Propositions atomiques et incomplétude du langage formulaire idéal

L'une des thèses majeures du *Tractatus* est la suivante :

> *« La proposition la plus simple, la proposition élémentaire, affirme l'existence d'un état de choses.*
>
> *C'est un signe de la proposition élémentaire qu'aucune proposition élémentaire ne puisse la contredire.*
>
> *La proposition élémentaire consiste en noms. Elle est une connexion, un enchaînement de noms. [...]*
>
> *Des propositions qui n'ont pas d'arguments de vérité en commun entre elles, nous les nommons des propositions indépendantes les unes des autres. »*[192]

La proposition élémentaire ainsi définie et décrite révèle l'inscription de Wittgenstein dans le sillage de l'atomisme. Lui qui aura inspiré Bertrand Russell dans la conception de l'expression devenue vulgaire en logique, ''proposition atomique'', va en retour emprunter au philosophe anglais la même expression pour désigner ses « propositions élémentaires » dans l'opuscule *Quelques Remarques sur la Forme Logique*. On y lit justement ceci :

> *« Toute proposition possède un contenu et une forme.* [...]

[192] L. Wittgenstein, *Tractatus Logico-philosophicus*, *op. cit.*, 4.21, 4.211 et 5.152., pp. 57-67.

Si nous tentons d'analyser toute proposition donnée, nous découvrirons généralement qu'elles sont des sommes logiques, des produits logiques ou d'autres fonctions-vérité de propositions simples. Mais notre analyse, si elle est poussée plus loin, doit parvenir jusqu'au point où elle atteint des formes propositionnelles qui ne sont pas elles-mêmes composées de formes propositionnelles plus simples [...] Les propositions qui représentent cette connexion ultime des termes, je les appelle, à la suite de B. Russell, des propositions atomiques. »[193]

On s'aperçoit que ce texte résonne comme un écho à celui du *Tractatus* que nous avons cité plus haut. À la différence que, à sa suite, l'auteur va se demander si les propositions atomiques sont aussi indépendantes qu'il le pensait autrefois. En d'autres termes, toutes les propositions atomiques ne peuvent-elles admettre des constructions contradictoires ? Ou encore, les propositions atomiques sont-elles toujours atomiques ? Ne peuvent-elles pas s'exclure mutuellement ? Telle est la problématique centrale de l'ouvrage. La méthode choisie ici par Wittgenstein est celle de l'« analyse logique des phénomènes réels. » Dans cette visée, le logicien opère « d'une certaine manière *a posteriori*, et non en faisant des conjectures sur des possibilités *a priori*. »

Mais pourquoi un soudain intérêt pour les « phénomènes réels» alors que ceux-ci étaient supplantés dans le *Tractatus* par les faits, lesquels étaient logiques plutôt que factuels ?

C'est qu'en réalité notre auteur vient de comprendre qu'

« Un fait atomique ne peut être prévu. Et il serait surprenant, poursuit-il, que les phénomènes réels n'aient rien de plus à nous apprendre quant à leur structure. Nous sommes conduits à de telles conjectures sur la structure des propositions atomiques par notre langage ordinaire qui utilise la forme sujet-prédicat et la forme relationnelle. »[194]

---

[193] L. Wittgenstein, *Quelques Remarques sur la Forme Logique*, *op. cit.*, pp. 14-16.
[194] *Ibid.*, p. 18.

La première leçon à tirer, eu égard à cette situation, c'est l'introduction des nombres rationnels et irrationnels dans la structure des propositions atomiques elles-mêmes. Wittgenstein l'illustre par cet exemple « simple » qui consiste à :

> *« Représenter une tache par l'expression ''[6-9, 3-9]'' et à représenter une proposition concernant cette tache ; p est rouge par exemple, par le symbole ''[6-9, 3-8] R'', où ''R'' est un terme non encore analysé (''6-9'' et ''3-8'' représentant respectivement l'intervalle continu entre ces nombres. »*[195]

Ainsi donc, toutes les propositions atomiques qui portent sur des propriétés comme la longueur d'un intervalle, la hauteur d'un son, la luminosité ou la rougeur d'une nuance dans leur structure (forme) vont être traitées comme dans l'exemple ci-dessus. En effet, Wittgenstein fait remarquer que

> *« C'est une caractéristique de ces propriétés qu'un de leur degré exclue tous les autres. Une nuance de couleur ne peut avoir simultanément deux degrés différents de luminosité ou de rougeur, un son ne peut avoir deux intensités différentes, etc. »*[196]

Les propositions atomiques, en vertu de la précédente remarque, ne peuvent plus recevoir la même interprétation que dans le *Tractatus* : leur simplicité structurelle, leur indépendance ne sont plus assurées. Car comme le reconnaît Wittgenstein lui-même :

> *« L'on pourrait penser – et je pensais moi-même ainsi naguère – qu'un énoncé exprimant le degré d'une qualité serait analysable en un produit logique d'énoncés quantitatifs simples et en un énoncé supplémentaire les complétant [...] L'exclusion mutuelle entre énoncés non analysables portant sur le degré contredit une opinion que j'ai publiée il y a plusieurs années et qui posait comme nécessité que les*

[195] *Ibid.*, p. 22.
[196] *Ibid.*, p. 26.

propositions atomiques ne puissent s'exclure les unes les autres. »[197]

C'est dire que désormais les propositions atomiques sont en « relation interne » - notion russellienne que Wittgenstein récusait dans le *Tractatus* -, logiquement nécessaire, avec d'autres propositions atomiques. La notion de « relation interne » limite le dogme du logicisme, qui postulait l'extensionalité absolue de la proposition atomique.

Un autre renversement, non moins important, concerne la distinction de deux principes logiques : la contradiction et l'exclusion. Le logicien viennois soutenait autrefois que toute proposition contradictoire, à l'exemple de celle-ci : « Brown est en ce moment assis sur cette chaise » et « John est en ce moment assis sur cette chaise », était un pur « non-sens », c'est-à-dire fausse dans toutes ses possibilités de vérité. Or, ceci « ne donne pas une image correcte de la vérité », dans la mesure où :

> *« Si une proposition contient la forme de l'entité sur laquelle elle porte, alors il est possible que deux propositions puissent entrer en collision dans cette forme même. »*[198]

En clair, le produit logique ou la « multiplicité logique » des deux propositions prises en exemple fait voir non pas la contradiction, mais l'exclusion mutuelle de deux situations ou formes possibles. Le symbolisme aide à expliciter cet état de choses :

Soit P la proposition « Brown est en ce moment assis sur cette chaise » et Q « John est en ce moment assis sur cette chaise », les possibilités de vérité de la contradiction et de l'exclusion se présentent comme suit :

[197] *Ibid.*, pp. 26-28.
[198] *Id.*

Contradiction			Exclusion		
P	Q		P	Q	
V	V	F	V	F	F
V	F	F	F	V	F
F	V	F	F	F	F
F	F	F			

On constate aisément que dans la table de vérité de l'exclusion, la première ligne de la table de la contradiction est évacuée. Ladite ligne constitue un non-sens, « Car la ligne supérieure, VVF accorde à la proposition une multiplicité logique supérieure à celle de ses possibilités réelles. »[199]

D'où cette conclusion mettant en évidence l'incomplétude du symbolisme logique :

> *« C'est bien évidemment une déficience de notre notation que de ne pas prévenir la formation de pareilles constructions absurdes, et il reviendra à une notation parfaite d'exclure les structures de ce type par des règles syntaxiques définies. Celles-ci devront nous avertir de ce que, dans le cas de certaines espèces de propositions atomiques décrites en termes de caractères symboliques définis, certaines combinaisons de V et F doivent être laissées de côté. »*

2. « Luxations neuronales » du Cercle de Vienne : l'abandon du vérificationnisme

L'incomplétude du symbolisme ainsi dégagé ne pouvait qu'être fatale pour les partisans d'une « Théorie scientifique du monde. » Car en faisant de Wittgenstein un éponyme de cette théorie, au même titre que Russell et Einstein, ils ont causé des ''luxations neuronales'' au penseur autrichien. Dès 1927, il est invité à participer aux activités du Cercle de Vienne, ou tout au moins, à lui donner des éclairages sur certains points qui paraissaient obscurs. Mais Wittgenstein

[199] *Ibid.*, p. 36.

s'esquivait, convaincu sans doute à ce moment-là qu'il avait résolu déjà avec son *Tractatus* tous les « problèmes philosophiques.» Pourtant, comme nous l'avons noté précédemment, il revint aux activités intellectuelles en 1929. C'est ainsi qu'en plus de l'ouvrage qu'il rédigea, il répondit à plusieurs invitations des membres du Cercle de Vienne. L'essentiel des conversations a été rassemblé et publié par Friedrich Waismann dans *Ludwig Wittgenstein and the Vienna Circle.*

Le *Tractatus* devint la bible du positivisme logique en raison de l'aphorisme 6.53, selon lequel :

> *« La juste méthode en philosophie serait en somme la suivante : ne rien dire sur ce qui se peut dire, donc les propositions des sciences de la nature - donc quelque chose qui n'a rien à voir avec la philosophie – et puis à chaque fois qu'un autre voudrait dire quelque chose de métaphysique, lui démontrer qu'il n'a pas donné de signification à certains signes dans ses propositions. Cette méthode ne serait pas satisfaisante pour l'autre – il n'aurait pas le sentiment que nous lui enseignons la philosophie, mais elle serait la seule rigoureusement juste. »*

Cet aphorisme est une autre formulation du credo de ce qu'on a appelé le « vérificationnisme » ou encore le « justificationnisme.» Plus explicitement, il s'agit du principe selon lequel la signification d'un énoncé réside dans la méthode par laquelle cet énoncé est validé. La méthode utilisée ici est celle de la syntaxe logique du langage. Ceci signifie que toute théorie scientifique doit pouvoir être justifiée. Pour cela, il suffit que le langage dans lequel elle s'exprime soit logiquement correct. Dans cette visée, le symbolisme est un puissant moyen devant permettre de faire aboutir la vérification.

Or, il est remarquablement contrastant que nous ne disposerons jamais d'un symbolisme complet, comme l'ont si bien démontré *Quelques Remarques sur la Forme Logique.* Aussi Wittgenstein entreprend-il de se désolidariser de la récupération dont il est l'objet. Il est d'ailleurs très étonné par le fait que ceux qui disent s'inspirer de lui ne l'aient pas bien compris. Du reste, n'avait-il pas lancé cet avertissement dans la préface au *Tractatus* :

> *« Le livre traite de problèmes de philosophie et, comme je le crois, montre que la formulation de ces problèmes repose sur un malentendu de la logique de notre langage. On pourrait résumer tout le sens du livre en ces mots : tout ce qui peut être dit, peut être dit clairement ; et ce dont on ne peut parler on doit le taire. »*[200]

Notre auteur est resté fidèle à sa pensée dans la conclusion de l'ouvrage, notamment dans l'aphorisme 7, qui stipule :

« Ce dont on ne peut parler, il faut le taire. »

Wittgenstein n'a pas été compris par le Cercle de Vienne. Car comme le signale Antonia Soulez, c'est au prix d'une troncature de la pensée du logicien autrichien que le Cercle a construit sa réputation.

> *« Les militants de la « Conception Scientifique du Monde », dit-elle, préfèrent de toute évidence ne conserver que la partie positive de la phrase de la préface, faisant dès lors de la méthode d'élucidation une activité tout entière centrée sur ce qui peut se dire. C'est l'élucidation au sens 1* [...]. *Le Manifeste fait après tout silence sur ce qu'on ne peut pas dire. On ne sait ici si c'est l'infidélité, ou un excès de fidélité non exempte de ruse, qui a décidé chez les coauteurs du Manifeste, une telle réserve, une réserve double, où le silence porte sur ce qu'on ne peut pas dire et sur la phrase de Wittgenstein dont cette expression fait l'objet, façon d'ailleurs d'insinuer que ce qu'on ne peut pas dire, on ne doit pas en parler. »*[201]

On voit dès lors d'où provient l'incompréhension : le Cercle de Vienne fait de l'élucidation une méthode

---

[200] *Ibid.*, p. 27.

[201] A. Soulez, « Comprendre Wittgenstein ? Une affaire de citation tronquée dans le Manifeste du Cercle de Vienne », in *Visages de Wittgenstein*, sous la direction de René Quilliot – Bouveresse, Paris, Beauchesne, 1995, p. 106.

scientifique, alors que l'élucidation wittgensteinienne est essentiellement philosophique. Autrement dit, un langage sur le langage – le métalangage ou langage-objet – est impossible ; mais cela n'implique pas, soutient Wittgenstein, qu'il soit absolument exclu. Il y a lieu de distinguer nettement dire et montrer : ce qui se dit relève de la science, en tant que c'est une description du monde ; toutefois, on élucide tout simplement ce qui se dit, c'est-à-dire, on le montre, et telle est la tâche de la philosophie. C'est pourquoi notre auteur interdit formellement toute tentative de fondation d'une théorie de la connaissance, puisque, lorsque la connaissance est déjà établie, elle ne peut qu'être montrée, élucidée, clarifiée. L'aphorisme 6.54 était assez clair à ce sujet :

> *« Mes propositions sont élucidantes à partir de ce fait que celui qui me comprend les reconnaît à la fin pour des non-sens, si, passant par elles, - sur elles – par-dessus elles, il est monté pour en sortir.*
>
> *Il faut qu'il surmonte ces propositions, alors il acquiert une juste vision du monde. »*[202]

On sait que c'est sur la base du vérificationnisme que le Cercle de Vienne entendait dépasser, mieux, éliminer la métaphysique comme mode de discours, de connaissance ; destitution destinée à construire l'ambitieux projet d'unification de la science. Mais l'unification de la science intéressait-elle Wittgenstein ? Pouvait-il admettre une conception scientifique et logique ou logico-philosophique du monde ? La science pouvait-elle avoir une quelconque essence ? Antonia Soulez nous aide à répondre par la négative à ces questions, moyennant les précisions suivantes :

> *« Le point de vue de Wittgenstein sur l'essence de la mathématique devait d'ailleurs faire l'objet d'une conférence de Waismann (5 septembre 1930) dont on sait qu'à la grande déception de Wittgenstein, il ne put finalement la prononcer* [...]. *Wittgenstein promoteur de la science unitaire ? Quand on*

[202] L. Wittgenstein, *Tractatus Logico-philosophicus*, *op. cit.*, p. 106.

connaît ses hésitations à rejoindre le Cercle de Vienne dans les années 20, et même la mauvaise volonté qu'il a manifestée à fréquenter la plupart d'entre eux, ses boutades à l'endroit du Manifeste lui-même, et son refus d'être inféodé à un quelconque courant de pensée, on reste perplexe. »[203]

En outre, dans un registre autocritique, Wittgenstein fait remarquer aux membres du Cercle de Vienne que le langage humain n'a pas besoin d'être parfaitement ordonné (symbolisé) pour représenter l'état des choses. Dans une conversation organisée chez Moritz Schlick le 22 décembre 1929, il dit :

« Je pensais autrefois qu'il existe un langage ordinaire que nous parlons tous et un langage parfait qui exprime nos connaissances, notamment celle des phénomènes. Je parlais aussi d'un premier système et d'un second système. À présent je voudrais dire pourquoi je n'adhère plus à cette conception.

Je pense que nous avons uniquement un langage et c'est le langage ordinaire. Nous n'avons pas besoin d'inventer un nouveau langage ou de construire un nouveau symbolisme, mais notre langage ordinaire est tout le langage, même si nous y rencontrons des obscurités cachées. »[204]

D'où la conséquence suivante :

« En fait, dans la construction de la logique symbolique, Frege, Peano, et Russell n'ont prêté l'attention qu'à l'application du langage à la mathématique et n'ont pas songé à la représentation de l'état réel des choses. »[205]

En redonnant ainsi une place de choix au langage ordinaire qu'il avait pourtant rejeté sous le prétexte de son ambiguïté, de son obscurité, Wittgenstein limite une fois de plus la logique symbolique, et surtout il arrache aux partisans

---

[203] A. Soulez, « Comprendre Wittgenstein», in *op. cit.*, pp. 107-108.
[204] F. Waismann, *Ludwig Wittgenstein*, *op. cit.*, p. 45. (notre traduction).
[205] *Ibid.*, p. 46.

du Cercle de Vienne l'arme fétiche du vérificationnisme. En outre, le retour au langage commun, l'érection de celui-ci en totalité de notre langage permet à notre logicien de sortir du « paradoxe du *Tractatus* » ou du mysticisme qui consistait à dire que ce qui est mystique, inexprimable, ne se dit pas, mais se montre plutôt.

3. Le mystique dévoilé ou comment dire ce qui ne pouvait se dire

Dans les aphorismes dérivés 6.421 et 6.422 du *Tractatus*, l'impossibilité de dire l'éthique et l'esthétique est postulée. On y lit justement ceci :

« Il est clair que l'éthique ne peut s'exprimer. L'éthique est transcendantale.

(L'éthique et l'esthétique sont un).

La première pensée qui vient à l'esprit lors de l'institution d'une loi éthique de la forme : « Tu dois … » est celle-ci : et qu'arriverait-il si je ne le faisais point ? Il est cependant clair que l'éthique n'a rien à voir avec la punition ou la récompense au sens ordinaire. Ainsi la question relative aux conséquences d'un acte doit être sans intérêt. Tout au moins ces conséquences ne sauraient-elles être des événements. Car il faut bien qu'il y ait quelque chose de vrai dans cette interrogation. Il doit y avoir sans doute une sorte de récompense éthique et de punition éthique, mais celles-ci doivent résider dans l'acte même.

(Et il est clair que la récompense doit être quelque chose d'agréable, la punition quelque chose de désagréable). »[206]

Depuis qu'il a recommencé à écrire, Wittgenstein a ressenti le besoin de s'exprimer sur l'inexprimable. Ses remarques sur Le rameau d'or de Frazer, aussi bien que ses

[206] Ludwig Wittgenstein, *Tractatus Logico-philosophicus*, *op. cit.*, pp. 103-104.

Leçons et Conversations avec ses étudiants Rush Rhees, Yorick Smythies, James Taylor, Casimir Lewy, Theodore Redpath et Maurice Drury traduisent cette envie.

C'est en partant de sa nouvelle théorie du langage qu'il s'attelle à décrypter l'esthétique, l'éthique, les croyances religieuses et magiques. Il serait donc malaisé pour nous de suivre convenablement le décryptage wittgensteinien sans cerner au préalable la quintessence de sa nouvelle conception du langage.

En fait, dans ses *Leçons sur l'esthétique*, il dit précisément ceci :

> *« J'ai souvent comparé le langage à une caisse à outils contenant marteau, ciseau, allumettes, clous, vis et colle. Ce n'est pas par hasard que toutes ces choses ont été mises ensemble – mais il y a des différences importantes entre les différents outils ; leurs divers emplois ont un air de famille – bien que rien ne puisse être plus différent qu'un ciseau et de la colle.* [...]
>
> *(Si j'avais à dire quelle est la faute capitale que commettent les philosophes de la génération actuelle, y compris Moore, je dirais que quand ils examinent le langage, c'est la forme des mots qu'ils examinent, et non l'emploi qui est fait de la forme des mots). Le langage est un élément caractéristique d'un vaste groupe d'activité – parler, écrire, voyager en autobus, rencontrer quelqu'un, etc.* [...]
>
> *Nous ne partons pas de certains mots, mais de certaines circonstances ou activités. »*[207]

Ce qui va dès lors intéresser Wittgenstein, ce n'est plus la signification de l'esthétique ou son explication, mais plutôt les différents usages de ce mot dans le discours ordinaire. Pour ce faire, l'auteur examine plusieurs exemples.

---

[207] Ludwig Wittgenstein, *Leçons et Conversation*, suivies de *Conférence sur l'éthique*, trad. J. Fauve, Paris, Gallimard, 1971, pp. 16-17-18.

Supposons que quelqu'un arrive dans une tribu dont il ne connaît pas le langage, et qu'il veuille savoir ce que signifient pour cette tribu les mots « beau », « bon », il sera bien obligé de chercher les sourires, les gestes, de la nourriture, des jouets. « A coup sûr, conclut Wittgenstein, il faut bien qu' [il interprète] les gestes des membres de la tribu par analogie aux [siens]. »[208]

Les « adjectifs esthétiques » tels que « charmant », « magnifique », souvent utilisés pour signifier « juste », « correct », sont des « jugements esthétiques ». Or,

> *« Il est remarquable que dans la vie réelle, lorsqu'on émet des jugements esthétiques, les adjectifs esthétiques tels que « beau », « magnifique » ne jouent pratiquement aucun rôle. »*[209]

Comment arrive-t-on alors au jugement ou au sentiment esthétique, si tant est que les adjectifs esthétiques n'y jouent aucun rôle ?

L'exemple du tailleur est ici frappant :

> *« Supposons que je me prenne de goût pour le métier de tailleur et que d'abord j'apprenne les règles ; je pourrais avoir, au total, deux sortes d'attitudes : 1. Lewy me dit : « c'est trop court ». Je réponds : « Non, c'est correct. C'est conforme aux règles ». 3. Il se développe en moi un sentiment des règles. Je les interprète. Je pourrais dire : « Non, ce n'est pas correct. Ce n'est pas conforme aux règles ». Dans ce dernier cas, je porterais un jugement esthétique sur ce qui est conforme aux règles au sens 1. D'un autre côté, si je n'avais pas appris les règles, je ne serais pas en mesure de porter un jugement esthétique. »*[210]

D'où la conséquence suivante :

> *« A apprendre les règles, vous parvenez à un jugement toujours plus affiné. Apprendre les règles change effectivement votre*

---

[208] *Ibid.*, p. 18.
[209] *Ibid.*, p. 19.
[210] *Ibid.*, p. 23.

jugement. (Cela dit, même si vous n'avez pas appris l'harmonie et si votre oreille n'est pas bonne, vous pouvez cependant détester une dissonance dans une suite d'accords. [...].

Quand nous portons un jugement esthétique sur quelque chose [tel que les beaux-arts], *nous ne nous contentons pas de rester bouche bée et dire : « Oh, comme c'est merveilleux : » Nous distinguons entre celui qui sait ce dont il parle et celui qui ne le sait pas. Pour admirer la poésie anglaise, il faut savoir l'anglais. »*[211]

Ces exemples montrent à suffisance que pour Wittgenstein le jugement esthétique relève de la connaissance des règles et non d'une quelconque extase intérieure qui nous pousserait à l'usage des adjectifs esthétiques, des interjections ou des exclamations. Est-ce donc à dire que l'esthétique, comme discipline, est une science ? Ou encore, le jugement esthétique peut-il permettre de décrire la réalité autant qu'un jugement de fait ?

« C'est une chose intéressante, dit Wittgenstein, que l'idée que les gens se font de l'esthétique comme d'un type de science. Je serais presque tenté de parler de ce que l'on pourrait entendre par Esthétique.

Vous pourriez penser que l'esthétique est une science qui nous dit ce qui est beau – c'est presque trop ridicule pour des mots. Je suppose qu'elle devrait également inclure quelle est la sorte de café qui a un goût plaisant. »[212]

Cela signifie que le jugement est un geste concomitant d'une vaste structure d'actions qui ne sont pas exprimées par un jugement singulier. L'esthétique se rapporte à la culture d'un peuple. On comprend pourquoi

« Les mots que nous appelons expressions du jugement esthétique jouent un rôle très compliqué, mais aussi très défini, dans ce que nous appelons la culture d'une époque. Pour décrire leur emploi, ou pour décrire ce que vous entendez par le goût, vous avez à décrire une culture. Ce que nous appelons

---

[211] *Ibid.*, pp. 23-24.
[212] *Ibid.*, pp. 33-34.

actuellement le goût n'existait peut-être pas au Moyen Âge. On joue des jeux tout à fait différents aux différents âges de l'histoire.

C'est une culture tout entière qui ressortit à un jeu de langage. »[213]

Lorsque nous savons que dès le *Tractatus* Wittgenstein a assimilé, en termes d'analyse, l'éthique à l'esthétique (« l'éthique et l'esthétique ne sont qu'un »), on peut inférer que ce qui vaut pour l'esthétique vaut aussi pour l'éthique. C'est en termes anthropologiques et non plus logiques qu'il aborde maintenant l'inexprimable. Ceci est un tournant manifeste dans sa pensée, tournant qu'il assume d'ailleurs dans ce propos :

« Changer le style de pensée, c'est ce qui compte dans ce que nous faisons. Changer le style de pensée, c'est ce qui compte dans ce que je fais, et persuader les gens de changer leur style de pensée, c'est ce qui compte dans ce que je fais.

(Ce que nous faisons, pour une grande partie, c'est poser la question du changement de style de la pensée). »[214]

Le changement de style que réclame emphatiquement Wittgenstein va se refléter aussi sur son analyse des croyances religieuses et magiques. Son analyse se veut essentiellement critique. Deux exemples peuvent suffire à l'illustrer. Le premier nous est donné dans ses *Leçons sur la croyance religieuse* :

« Le mot « Dieu » est l'un de ceux qu'on apprend le plus tôt – images et catéchisme, etc., mais les conséquences ne sont pas les mêmes que lorsqu'il s'agit d'images représentant les tantes de l'enfant. On ne m'a pas montré ce que l'image représentait.

Ce mot est utilisé comme un mot représentant une personne. Dieu voit, il récompense, etc.

---

[213] *Ibid.*, p. 28.
[214] *Ibid.*, p. 65.

Puisqu'on vous a montré toutes ces choses, avez-vous compris ce que le mot signifiait ? Je répondrais : « Oui et non. J'ai appris ce qu'il ne signifiait pas. Je me suis fait comprendre. J'ai pu répondre à des questions, les comprendre quand on les posait sous des formes différentes – et ce sens on pourrait dire que j'ai compris. »[215]

Dans cette perspective, la croyance en Dieu ou la connaissance de Dieu ne peut dépendre des commandements d'une quelconque religion ; plutôt dépend-elle des différents jeux que nous sommes appelés à jouer, dans différentes situations. C'est pourquoi l'auteur ajoute :

« Si on en vient à la question de l'existence d'un dieu ou de Dieu, cette question joue un rôle complètement différent de celui que joue la même question portant sur l'existence de toute personne ou de tout objet dont j'ai jamais entendu parler.»[216]

Le second exemple se détache sur le fond de la critique que Wittgenstein adresse à l'ouvrage de James George Frazer, intitulé *Le Rameau d'or*, publié en 1890. Cet ouvrage est une ethnographie des pratiques magico-religieuses et des croyances y afférentes dans plusieurs sociétés primitives. Wittgenstein récuse, entre autres, le procédé par lequel Frazer aboutit à décrire ces pratiques et croyances. Il assimile d'ailleurs ce procédé à une « hypothèse évolutionniste », puisque ce dernier fait comme si les phénomènes qu'il a observés dans les sociétés primitives allaient de soi, c'est-à-dire relevaient de leur fonctionnement normal.

« Frazer, avoue-t-il, est beaucoup plus sauvage que bon nombre de ses sauvages, puisque leur compréhension des questions spirituelles n'est pas aussi différente de celle d'un anglais du vingtième siècle. Ses explications des pratiques primitives sont davantage crues que la signification de ces pratiques elles-mêmes.

[215] *Ibid.*, p. 116.
[216] *Ibid.*, pp. 116-117.

L'explication historique, l'explication comme une hypothèse de progrès, est seulement une façon de recueillir les données – au regard de l'ensemble. [...]

Identifier ses propres dieux aux autres. Quelqu'un se convainc lui-même que les noms ont la même signification. »[217]

Frazer n'a donc pas compris que les noms, les mots, les pratiques ainsi que les croyances ont des significations différentes, selon les cultures ou les peuples du monde, fussent-ils sauvages ou civilisés. On comprend alors pourquoi en défendant une théorie primitive du langage, Frazer est comparé par Wittgenstein à un primitif. Ce dernier suggère alors cette méthode :

« *Observer les connexions. Cependant, ajoute-t-il, une connexion hypothétique doit dans ce cas focaliser l'attention à des ressemblances, à des relations des faits.* »[218]

En somme, force est de noter que le changement de style, réclamé et assumé par Wittgenstein, a fini par déteindre sur le mysticisme de l'époque tractatuséenne. L'esthétique, l'éthique, la religion sont dorénavant des jeux de langage ; le langage symbolique, qui auparavant les rangeait dans le cadre des non-sens, est devenu lui aussi un simple jeu dans l'univers des représentations.

Le mysticisme allait de pair avec le logicisme. La tournure de style, qui a eu pour effet de rendre transparent le caché ne pouvait qu'achever d'émietter le « grand miroir », lequel était déjà brisé, comme nous l'avons signalé. Les pseudo-propositions mathématiques, vides de sens, pouvaient-elles échapper aux jeux de langage ? Si les non-sens viennent d'acquérir un sens avec et dans les jeux de langage, les

---

[217] L. Wittgenstein, « Remarks on Frazer's Golden Bough », dans *Philosophical occasions 1912 – 1951,* édité par James Klagge and Alfred Norman, Hackett Publishing Company, Indianapolis et Cambridge, 1999, p. 131 (notre traduction).
[218] *Ibid.*, p. 133.

énoncés vides de sens – qui avaient le mérite d'assurer l'objectivité scientifique – vont-ils garder leur pureté de cristal ? Enfin, sens, non-sens et vide de sens ne sont-ils pas des jeux différents, mais finalement équivalents ?

4. Il n'existe pas de fondement des mathématiques

Dans les aphorismes 6.2, 6.22, 6.2234 et 6.2341 du *Tractatus* il est loisible de constater que Wittgenstein y fondait les mathématiques sur la logique :

> « *Les mathématiques sont une méthode logique. Les propositions mathématiques sont des équations, donc des pseudo-propositions* [...].
>
> *La logique du monde, que les propositions de logique montrent dans les tautologies, les mathématiques la montrent dans les équations* [...].
>
> *Les mathématiques sont une méthode de logique.*
>
> *L'essentiel dans une méthode mathématique consiste à travailler avec des équations. C'est sur cette méthode en effet que repose l'évidence de chaque proposition de mathématiques.* »[219]

Wittgenstein expose sa nouvelle philosophie des mathématiques tout particulièrement dans *Grammaire philosophique*, dans ses cours de Cambridge recueillis par Moore entre 1930 et 1933, dans les *Remarques Philosophiques* et dans les *Remarques sur les Fondements des mathématiques*.

En effet, dans ses cours de Cambridge, Wittgenstein redéfinit les expressions non-sens, vide de sens et sens. G. E. Moore rapporte que le logicien viennois avait rejeté sa conception selon laquelle il y a une synonymie entre proposition et sens.

---

[219] L. Wittgenstein, *Tractatus Logico-philosophicus*, *op. cit.*, pp. 96-97-98.

« Lorsque nous disons, commente Moore, ''Ceci n'a pas de sens'' nous voulons toujours dire ''ceci n'a pas de sens dans ce jeu particulier'' ; et à la question ''Pourquoi l'appelons-nous ''non-sens'' ? Qu'est-ce que cela veut dire de l'appeler ainsi ?'' Nous dirons que lorsque nous qualifions une phrase de ''non-sens'', c'est en raison des similitudes avec des phrases qui ont un sens'' et que ''le non-sens" découle toujours de la formation des symboles analogues à certains usages, là où ils n'ont en fait aucun usage. »[220]

Dès lors, « faire sens » est une expression vague, puisqu'elle a différents sens dans différents cas. Être vague ne signifie pas, aux yeux de Wittgenstein, être inutile. Elle est utile, comme l'est un ''jeu'', une ''grammaire'', une ''syntaxe'' ou une ''règle grammaticale''.

L'abandon du point de vue extensionnaliste est à cet égard manifeste. La proposition mathématique se réduit à une simple règle de grammaire. Si une démonstration ou une preuve mathématique n'est pas arbitraire, au moins est-elle une règle que l'on suit. Et cette règle dépend de la circonstance dans laquelle on se trouve, par rapport au système général des règles, notamment la grammaire. Or, « on ne peut pas creuser derrière les règles, car il n'y a rien derrière elles. » Aussi comprend-on la raison pour laquelle Wittgenstein refuse de développer une quelconque théorie des mathématiques, à côté ou à la lisière de l'intuitionnisme brouwérien, du formalisme hilbertien ou du logicisme frégéo-russellien. Car comme le souligne si bien François Schmitz,

« Du logicisme, Wittgenstein conserve cette idée capitale que les mathématiques, comme la logique, constituent le cadre formel de tout discours à prétention de vérité et de ce fait, sont a priori et nécessaires, absolument. Au formalisme, Wittgenstein emprunte l'analogie des mathématiques avec le jeu [...] les mathématiques sont un « faire », non un savoir, et

---

[220] « Wittgenstein Lectures », in *Philosophical occasions 1912-1951*, *op. cit.*, pp. 66-67 (notre traduction).

qu'il s'agit d'une activité humaine qui n'a d'autre réalité que celle que les hommes lui donnent. »[221]

Malgré ces emprunts, il faut noter, comme ne manque pas de le faire Schmitz, qu'il n'y a pas de « syncrétisme wittgensteinien », lequel pourrait porter à penser que Wittgenstein a développé une quatrième voie dans la quête des fondements en mathématiques. Pour notre auteur, les trois théories citées sont frappées par l'illusion que l'on peut construire une théorie des mathématiques. En outre, elles sont unilatérales et simplistes, puisque chacune entend fournir une explication complète de ce que sont les propositions, les objets, les concepts et les méthodes manipulés par les mathématiciens, alors qu'elles ne sont que des explications partielles. Cette attitude ''anti-fondationnelle'' s'expliquerait par ce que Christiane Chauviré a baptisé dans un article consacré à la pratique philosophique de Wittgenstein « la salubre exigence wittgensteinienne de clarté conceptuelle », laquelle consiste, pour tout philosophe qui fait face aux perplexités, aux « puzzles », à s'astreindre à la tâche d'élucidation des discours ordinaires, scientifiques et philosophiques eux-mêmes.

Le refus de l'unilatéralisme et du syncrétisme peut paraître paradoxal. Pourtant, il peut aisément être appréhendé par ce que Jean-Claude Dumoncel appelle « le mobilisme mathématique du second Wittgenstein » et par ce que Jacques Bouveresse appelle dans un jargon qu'il affectionne « le « conceptualisme » ultra-constructiviste de Wittgenstein » ou « le conventionnalisme de Wittgenstein »[222].

---

[221] F. Schmitz, *Wittgenstein et la philosophie des mathématiques*, Paris, PUF, 1988, p. 26.

[222] J. Bouveresse, *La Parole Malheureuse. De l'alchimie linguistique à la grammaire philosophique*, Paris, Les Editions de Minuit, 1971, p. 143 à 149.

- *La force de la Règle. Wittgenstein et l'invention de la nécessité*, Paris, Les Editions de Minuit, 1987, du chapitre 5 à 11, p. 57 à 156.

Ces attitudes wittgensteiniennes que révèlent les chercheurs français précédents sont très explicites dans ces phrases des *Remarques sur les Fondements des Mathématiques* :

> *« En quoi la mathématique a-t-elle besoin d'une fondation ? Elle en a aussi peu besoin, à mon avis, que les propositions qui traitent des objets physiques – ou celles qui traitent d'impressions sensibles, ont besoin d'une analyse. Il est vrai cependant que les propositions mathématiques, tout comme ces autres propositions, ont besoin d'une clarification de leur grammaire.*
>
> *Les problèmes mathématiques de ce qu'on appelle les fondements sont aussi peu pour nous au fondement des mathématiques que le rocher peint supporte le château peint. »*[223]

Avec la « grammaire philosophique » comme méthode d'analyse des expressions, des disciplines, des théories, des explications et de l'analyse elle-même, on se demande finalement ce que va devenir la proposition et si la tripartition tractatuséenne peut encore subsister. Ce questionnement nous permettra de mesurer dans toute sa profondeur l'inflexion de la réflexion wittgensteinienne.

5. La proposition : signification, sens et tripartition reconsidérés

Dans le *Tractatus*, la proposition signifie un énoncé ayant un sens, c'est-à-dire une image de la réalité. Le sens quant à lui est extra mondain, extralinguistique et donc extra propositionnel : il se montre. De fait,

- *Le Pays des possibles. Wittgenstein, les mathématiques et le monde*, Paris, Les Editions de Minuit, 1988, chapitre 1, p. 47 à 51.

[223]L. Wittgenstein, *Remarques sur les Fondements des mathématiques*, *op. cit.*, p. 13.

« Le sens de la proposition est son accord ou son désaccord avec les possibilités de l'existence et de la non-existence d'un état de choses. »[224]

Au regard du sens, l'auteur distinguait à cette époque trois types de propositions : les propositions douées de sens ; les propositions vides de sens et les propositions dénuées de sens. Toutefois, le changement de style opéré par notre logicien bouleverse également le point de vue qu'il défendait autrefois sur la proposition. Moore rapporte que

« A propos des ''propositions'', il [Wittgenstein] *disait, en des circonstances diverses, que l'on devrait donner des réponses à cette question ''Qu'est-ce qu'une proposition ?'' – une question que nous ne comprenons pas aisément. Mais vers la fin, il aboutit à la conclusion que ''ce que nous appelons ''proposition'' est quelque chose de plus ou moins arbitraire'', ajoutant que ''par conséquent la logique a une fonction différente de celle que Russell, Frege et moi lui assignions'', et quelque temps après, il disait qu'il ne pouvait donner une définition générale de ''proposition'' si ce n'était celle de ''jeu'' : qu'il ne pouvait qu'en donner des exemples. »*[225]

Dans cette nouvelle approche, la proposition acquiert une signification holistique, systémique, d'autant qu'un jeu est constitué d'un ensemble de règles dont le suivi dépend des circonstances ou des cultures dans lesquelles il se pratique. C'est ainsi que même « En donnant un ordre, vous exprimez nécessairement une ''proposition'', même si, il est vrai, un ordre ne peut être ni vrai ni faux, et peut être ''comparé à la réalité'', uniquement dans un sens différent si c'est le cas ou non. »

Cette reconsidération de la proposition déteint sur la tripartition : toutes les propositions et même, tous les énoncés propositionnels se valent. Il n'y a plus de proposition générale (proposition atomique) ni plus de forme générale de

---

[224] L. Wittgenstein, *Tractatus Logico-philosophicus*, *op.cit.*, 6.41, p. 103.

[225] « Wittgenstein Lectures », in *op. cit.*, p. 55 (notre traduction).

la proposition. La généralité unilatérale et moniste du *Tractatus* éclate au bénéfice d'une vision synoptique (la synopsis). La première partie de la *Grammaire Philosophique*, intitulée « Proposition. Sens de la proposition », traduit avec une rare profondeur cette inflexion – dans la mesure où les remarques de Wittgenstein sont souvent sibyllines et obscures – :

> *« Le « langage », c'est-à-dire les langues – les langages sont des systèmes.*
>
> *Ce sont les éléments des langages que j'appelle « propositions ».* [...]
>
> *Nous pourrions nous imaginer un langage dans l'utilisation duquel l'impression que nous recevons des signes ne jouerait aucun rôle.*
>
> *Ce que j'appelle « proposition » est une position dans le jeu de langage.*
>
> *Penser est une activité comme calculer. »*[226]

Les deux ouvrages que Wittgenstein rédigea au crépuscule de sa vie – *Investigations Philosophiques* et *De la certitude* –, et qui traduisent la pleine maturité de sa pensée, radicalisent sa critique de la logique moderne, notamment en faisant des « jeux de langage » le paradigme de toute recherche. Ceux de l'époque transitoire posaient déjà les jalons de ce paradigme pragmatiste, mais de façon hésitante, éparse et moins systématique. La prochaine section n'a pas d'autre objet que le suivi de la systématisation wittgensteinienne, tâche qui fera éclater au jour son ancrage dans l'irrationalisme. Comme nous ne manquerons pas de le découvrir, tel sera aussi le destin du falsificationnisme.

[226] L. Wittgenstein, *Grammaire Philosophique*, *op. cit.*, p. 46.

B. Pluralité et systématicité des jeux de langage

Notons d'emblée que nos considérations transitoires précédentes ont effleuré la notion de « jeux de langage ». Cependant, ce n'était pas par malice ni plus par ambition d'établir une quelconque hiérarchie ou préférence dans la présentation des thèmes wittgensteiniens. Il se trouve simplement qu'à cette période, et nous l'avons explicitement mentionné, Wittgenstein n'était pas encore parvenu à une claire appréhension de sa propre pensée. Il tâtonnait encore, travaillait avec des hypothèses, et parfois même se reprenait, au point de susciter le désarroi de la part de ses hagiographes et de ses contempteurs.

Néanmoins, dès la préface de *Investigations Philosophiques*, notre auteur confesse lui-même que le développement de sa pensée est satisfaisant :

> *« Lorsqu'il y a quatre ans* [1941] *j'eus l'occasion de relire mon premier livre, le Tractatus logico-philosophicus, et d'en expliquer les pensées, il m'apparut soudain que je devais publier dans un ensemble les anciennes avec les nouvelles pensées : ces dernières ne se trouveraient placées sous leur vrai jour qu'en se détachant sur le fond de mon ancienne manière de penser, et par le contraste qui en résulterait.*
>
> *En effet, depuis l'époque où j'avais recommencé à m'occuper de philosophie, voici seize ans, il m'avait fallu reconnaître de graves erreurs dans ce que j'avais publié antérieurement. »*[227]

En quoi consisteraient alors les « jeux de langage » en ce moment de maturité revendiquée ?

1. En partant de Saint Augustin

Les *Investigations Philosophiques* répondent à cette question par un détour critique sur le nominalisme de Saint Augustin. Dans *Les Confessions*, Saint Augustin décrit au chapitre VIII du livre premier l'apprentissage de la parole en

[227] L. Wittgenstein, *Investigations Philosophiques, op. cit.*, p.112.

faisant allusion à sa propre expérience [228]. Wittgenstein reprend les propos d'Augustin – que l'on ne saurait reproduire ici –, mais qui peuvent se résumer en ceci : l'enfant apprend le langage en entrant dans le jeu de désignation des choses par les mots. Selon Wittgenstein, Augustin *« nous donne une image particulière sur l'essence. À savoir celle-ci : les mots du langage nomment des objets – les propositions sont des liaisons de pareilles dénominations – on retrouve ici l'origine de l'idée que chaque mot a une signification. Cette signification est coordonnée au mot. Elle est l'objet dont le mot tient lieu. »*[229]

Si l'approche augustinienne n'est pas fausse, c'est parce que, pense Wittgenstein, elle résume ce qu'est le langage primitif. Primitivement, ce qui compte, c'est la signification du mot ou du nom et non son usage. L'exemple suivant permet d'expliciter la conception primitiviste ou augustinienne du langage :

> *« Imaginons un langage auquel correspondrait la description donnée par Saint Augustin : le langage doit servir à un constructeur A pour se faire entendre de son aide B. A exécute la construction d'un édifice au moyen de pierres de bâtiment : des cubes, des colonnes, des dalles et des pointes. Dans ce but, ils se servent d'un langage consistant en mots : « blocs », « dalles », « pointes ». A crie leur nom, - B obéit en apportant la pierre qu'il a appris à connaître par la perception de son nom. - - concevez ceci en tant qu'un langage absolument primitif. »*[230]

Que faut-il en conclure ?

Notre auteur tire lui-même cette conclusion à partir de l'exemplification précédente :

---

[228] Voir Saint Augustin, *Les Confessions*, trad. J. Trabucco, Paris, Garnier – Flammarion, 1964, pp.23–24.
[229] L. Wittgenstein, *Investigations Philosophiques*, *op. cit.*, p.115.
[230] *Ibid.*, p. 116.

« Saint Augustin, pourrait-on dire, décrit un système de communication ; seulement ce système n'embrasse pas tout ce que nous nommons langage. Et c'est ce qu'il faut dire dans maints des cas où se pose la question : « cette description est-elle ou non appropriée ? ». La réponse est alors : « Oui, elle est utilisable ; mais rien que pour ce domaine étroitement délimité, non pour la totalité que vous prétendiez décrire ».

C'est comme si quelqu'un expliquait : « Jouer consiste à faire glisser des objets sur une surface conformément à certaines règles [...] » et que nous lui répondions : « Vous semblez penser aux jeux de dames ; mais ce ne sont pas là tous les jeux. Vous pouvez corriger votre explication en la limitant expressément à ce genre de jeux. »[231]

En clair, le but d'un mot n'est pas toujours de susciter une représentation, puisque la représentation ou la signification est assez réductrice de ce but. Le réductionnisme de type augustinien a tôt fait d'enfermer le langage dans la fonction de représentation, de signification, de désignation ou de dénomination. C'est aussi le piège dans lequel tombent les processus d'« enseignement démonstratif des mots ». Ces prolégomènes posés, Wittgenstein peut alors énoncer son paradigme :

« Dans la pratique du langage [de l'exemple donné ci-dessus] un partenaire énonce les mots et l'autre agit conformément à eux ; mais dans l'enseignement du langage, ce sera le processus suivant qui se réalisera : celui qui apprend à parler nomme les objets. C'est-à-dire qu'il prononce le mot lorsque celui qui enseigne montre la pierre. – Oui, il y aura ici un exercice encore plus simple : l'élève répète les mots que le maître prononce, - processus tous deux analogues au langage.

[...] J'appellerai ces jeux « jeux de langage » et parlerai parfois d'un langage primitif comme d'un jeu de langage. »[232]

---

[231] *Id.*

[232] *Ibid.*, p.118.

2. Tentative de définition

L'expression « jeu de langage » a des résonances augustiniennes, puisque dans *Les confessions*, Saint Augustin utilise les termes suivants : **« jeux d'enfants »**, **« jeux de mots »**, **« jeux d'adultes »**. Toutefois, Wittgenstein donne à cette expression un sens tout à fait particulier :

> *« Le mot »jeu de langage » doit faire ressortir ici que le parler du langage fait partie d'une activité ou d'une forme de vie. »*[233]

Plus loin, il ajoute :

> *« Nos clairs et simples jeux de langage ne sont pas des études préparatoires pour une réglementation future du langage – pour ainsi dire de premières approximations, ignorant le frottement et la résistance de l'air. Les jeux de langage se présentent plutôt comme des* objets de comparaison *qui sont destinés à éclairer les conditions de notre langage par des similitudes et dissimilitudes. »*[234]

3. Exemplifications

Le « jeu de langage » présente certains traits caractéristiques : ils sont divers. C'est pourquoi Wittgenstein se sent très souvent obligé d'utiliser le pluriel. Il en donne d'ailleurs des exemples :

> *« Représentez-vous la multiplicité des jeux de langage au moyen des exemples suivants :*
>
> *Commander, et agir d'après des commandements.*
>
> *Décrire un objet d'après son aspect, ou d'après des mesures prises.*
>
> *Reconstituer un objet d'après une description (dessin).*
>
> *Rapporter un événement.*
>
> *Faire des conjectures au sujet d'un événement.*
>
> *Former une hypothèse et l'examiner.*
>
> *Représenter les résultats d'une expérimentation par des tables et des diagrammes.*

---

[233] *Ibid.*, p.125.
[234] *Ibid.*, p. 134.

> *Inventer une histoire ; et lire.*
> *Jouer du théâtre.*
> *Chanter des « rondes ».*
> *Deviner des énigmes.*
> *Faire un mot d'esprit ; raconter.*
> *Résoudre un problème d'arithmétique pratique.*
> *Traduire d'une langue dans une autre.*
> *Solliciter, remercier, maudire, saluer, prier. »*[235]

On constate clairement que tout dire, tout faire est un jeu de langage. Dire et faire sont donc situés sur un plan homologique, dans cette perspective[236].

4. Caractéristiques des « jeux de langage »

Ainsi, ce sont toutes les pratiques de la vie quotidienne et ordinaire qui constituent les « jeux de langage ». En vertu de cette multiplicité, Wittgenstein tourne en dérision sa propre conception qu'il développait dans son ouvrage de jeunesse. Il dit à cet effet :

> *« Il est intéressant de comparer la multiplicité des instruments du langage et de leur mode d'utilisation, la multiplicité des espèces de mots et de propositions avec ce que les logiciens ont dit au sujet de la structure du langage (y compris l'auteur du Tractatus Logico-philosophicus). »*[237]

En revanche, les jeux renvoient à des pratiques régulées, ils obéissent à des règles dont l'usage n'est pas arbitraire. La connaissance d'une règle de jeu n'est pas innée, sinon on pourrait penser avant même d'acquérir la parole. La règle, de même que le jeu auquel elle s'applique, est partie intégrante d'un tout qui est le langage ou la société ou enfin la culture. Dans cette visée, « *Quiconque pénètre en un pays étranger,*

---

[235] *Id.*

[236] Il ne serait sans doute pas inutile de noter que cette homologie a fortement influencé les réflexions de John Longshaw Austin, dans l'ouvrage *Quand dire, c'est faire*, Paris, Seuil, 1991.

[237] L. Wittgenstein, *Investigations philosophiques*, *op.cit.*, pp. 125-126.

souligne Wittgenstein, *apprendra parfois le langage des indigènes par les explications démonstratives qu'ils lui donnent : et il lui faudra deviner l'interprétation de ces explications, et les deviner parfois justement, parfois faussement.*

> *Et dès lors, je crois, nous pourrons dire : Saint Augustin décrit l'acquisition du langage humain par l'enfant comme si ce dernier vivait dans un pays étranger sans en comprendre la langue : comme s'il savait déjà un langage, mais non pas ce langage-ci.* »[238]

Malgré la multiplicité des règles, malgré l'autonomie des règles de chaque jeu, les jeux font partie de tout un système (d'où leur ''systémicité''), en tant qu'ils sont apparentés les uns aux autres de différentes manières. En clair, il y a entre différents jeux des **« ressemblances de familles »**[239]. En effet,

> *« Considérons par exemple les processus que nous nommons les « jeux ». J'entends les jeux de dames et d'échecs, de cartes, de balle, les compétitions sportives. Qu'est-ce qui leur est commun à tous ? – ne dites pas : il faut que quelque chose leur soit commun, autrement ils ne se nommeraient pas « jeux » —, mais voyez d'abord si quelque chose leur est commun. – car si vous les considérez –, vous ne verrez sans doute pas ce qui leur serait commun à tous, mais vous verrez des analogies, des affinités, et vous en verrez toute une série.* [...]
>
> *Et tel sera le résultat de cette considération : nous voyons un réseau complexe d'analogies qui s'entrecroisent et s'enveloppent les unes les autres. Analogies d'ensemble comme de détail.* »[240]

Qu'il y ait des analogies ou des affinités entre les multiples jeux, ne limite pas pour autant la sphère des jeux : les jeux sont illimités. Par ailleurs, les jeux sont dynamiques, flexibles. Et dans la mesure où les règles ne sont pas

---

[238] *Ibid.*, p. 130.
[239] *Ibid.*, p. 148.
[240] *Ibid.*, pp.147-148.

statiques, elles peuvent changer en fonction du but visé par les joueurs. À titre illustratif,

> *« Je puis donner au concept « nombre » des limites rigoureuses, c'est-à-dire : user du mot « nombre » pour la désignation d'un concept rigoureusement délimité, mais je puis en user aussi de telle sorte que l'étendue du concept ne soit pas circonscrite par une limite. C'est ainsi en effet que nous usons du mot « jeu ». Comment le concept du jeu est-il délimité ? Qu'est-ce qui est encore jeu, qu'est-ce qui ne l'est plus ? Pouvez-vous en indiquer les limites ? Non. Vous pouvez en tracer quelques-unes : car aucune n'a encore été tracée. »*[241]

Enfin, les jeux sont « clairs » et « simples ». Il n'y a rien derrière les jeux. Les jeux apparaissent tels qu'ils sont établis, sans manipulations idéologiques, sans dogmes, sans intérêts privés : ils servent tout simplement à faire fonctionner le langage ; ils sont faits pour être utilisés, ni plus ni moins.

En somme, multiplicité, ''systémicité'', régulation, clarté et simplicité symbolisent les différents visages des « jeux de langage » de Wittgenstein. On imagine déjà à quelles fortunes peut conduire cette caractérisation, précisément par rapport au propositionalisme que l'auteur défendait dans les aphorismes du *Tractatus*.

5. Proposition et certitude : un éloge du scepticisme ?

Le déplacement du centre de gravité des recherches logico-philosophiques de la proposition élémentaire vers le système des propositions pose naturellement, tel que signalé en sus, le problème de la certitude et de son corrélat, la vérité. *De la certitude* constitue une réponse à ce problème et se situe dans le prolongement direct des *Investigations philosophiques* auxquelles sont référés certains exemples.

L'ami, collègue et, sans doute, auditeur de Wittgenstein, George Edward Moore est au cœur de la polémique. Dans un article que ce dernier a commis sur « la Preuve de l'existence

[241] *Ibid.*, pp. 148-149.

d'un Monde extérieur », il s'est présenté comme le défenseur attitré du « sens commun ». Pour le philosophe anglais, savoir par exemple qu'il y a ici une main qui noircit ces pages actuellement ne peut faire l'objet d'un doute. De même, on ne peut nier la proposition suivante : « Je sais que je suis un être humain ». C'est dire que pour Moore, à moins d'être infecté par le virus de l'idéalisme, on ne peut douter de l'existence du monde extérieur, le sens commun étant suffisant pour l'établir. Si bien que toutes les propositions exprimant la réalité du monde extérieur sont vraies.

C'est justement cette conception des propositions empiriques qui sont de l'ordre de la science, et auxquelles le *Tractatus* reconnaissait la possibilité d'être vraies si elles étaient une description exacte du monde, que Wittgenstein remet dorénavant en question. Dès l'abord de *De la certitude*, il dit, avec l'ironie mordante qu'on lui connaît :

> « *Si tu sais que c'est là une main, alors nous t'accordons tout le reste.*
>
> *(Dire que telle ou telle proposition n'est pas susceptible d'être prouvée, cela bien sûr ne veut pas dire qu'elle n'est pas susceptible de dériver d'autres propositions. Mais celles-ci peuvent n'être pas physiques que celles-là).* »[242]

L'erreur de Moore consiste donc à partir d'un cas particulier – une observation, une proposition – pour conclure sur tous les cas possibles. Or, il se trouve que l'induction est insuffisante pour fonder notre connaissance, dans la mesure où, comme le fait remarquer le philosophe autrichien :

> « *De ce qu'à moi, ou à tout le monde, il en semble ainsi, il ne s'ensuit pas qu'il en est ainsi.*
>
> *Mais ce que l'on peut fort bien se demander, c'est s'il y a sens à en douter.*
>
> *À quelqu'un qui dirait : « je ne sais pas s'il y a là une main », on pourrait dire : « Regardes-y de plus près ». – cette*

[242] L. Wittgenstein, *De la Certitude*, *op. cit.*, p. 31.

possibilité de bâtir sa conviction appartient au jeu de langage ; en est un des traits essentiels. »[243]

Ainsi, de la proposition « Je sais qu'il y a là une main », on peut déduire celle-ci : « Il y a là une main », mais on ne peut, martèle Wittgenstein, déduire « je sais »,

> « *Puisqu'il faut d'abord que se révèle le savoir.* [...] *Donner l'assurance « Je sais » ne suffit pas. Car elle n'est pas l'assurance que je ne peux pas me tromper (en cela) ; or que je ne me trompe pas en cela doit pouvoir être confirmé de façon objective.* »[244]

Il est dès lors clair que la vérité d'une proposition est déterminée par l'usage que nous faisons de cette proposition.

> « *C'est dans son emploi seul que la proposition a un sens.* [...] *« Je sais » semble décrire un état de faits qui garantit comme fait ce qui est su. On est toujours oublieux de l'expression : « Je croyais que je le savais. »* »[245]

George Moore a distingué de façon discriminatoire les expressions telles que « savoir », « croire », « supposer », « douter », « être persuadé de... », alors qu'elles sont analogues ; ce sont des jeux de langage, bref, ce sont des jeux que nous jouons en situation de conviction, de croyance ou de certitude. L'exemple suivant est assez éclairant sur le sens que Wittgenstein donne à la certitude :

> « *On dit : « Oui, ce calcul est bon » si on s'en est convaincu. Mais ce n'est pas quelque chose qu'on a inféré à partir de l'état de certitude dans lequel on est. On ne conclut pas à l'état des faits à partir de la certitude qu'on en a.*
>
> *La certitude est* comme *un ton de voix selon lequel on constate un état de faits, mais on ne conclut pas de ce ton de voix que cet état est fondé.* »[246]

---

[243] *Id.*
[244] *Ibid.*, p. 34.
[245] *Ibid.*, p. 33.
[246] *Ibid.*, p. 37.

Ceci étant posé, il convient, selon notre auteur, de « désenvoûter » les réalistes, à l'exemple de Moore, pour qui il existe des objets extérieurs, de même que les idéalistes qui réfutent cette existence. De fait,

> *« Les propositions auxquelles, comme envoûtés, nous sommes sans cesse ramenés, je voudrais les extirper du langage philosophique.* […]
>
> *Nous extirpons donc les propositions qui ne nous font pas aller plus loin. »*[247]

Y a-t-il alors un savoir en mathématique et en logique si tant est qu'il n'y en ait pas s'agissant du monde extérieur ou de l'empirique ?

Voici la réponse de notre auteur :

> *« Le savoir en mathématique. Là il faut toujours se souvenir qu'un « processus interne », un « état interne » n'ont pas d'importance et demander : « Pourquoi aurait-il de l'importance ? En quoi m'intéresse-t-il ? » Ce qui est intéressant, c'est la façon dont nous employons les propositions mathématiques.* […]
>
> *Quel genre de proposition est-ce que : « Dans 12 x 12 = 144, nous ne* pouvons *pas nous être trompés ? » Il faut bien que ce soit une proposition de la logique. – Mais n'est-elle pas le même, ou n'aboutit-elle pas à la même chose que la détermination 12 x 12 = 144 ? »*[248]

Une proposition logique décrit une situation conceptuelle qui est interne au langage. Mais proposition logique, proposition mathématique et même proposition grammaticale ont des affinités, des analogies[249] : elles sont des règles que l'on suit ou utilise, soit pour calculer dans le cas de la mathématique, soit pour établir la justesse ou la fausseté de ce qui est calculé, comme c'est le cas en logique ; soit enfin pour appliquer une règle dans le discours écrit ou oral s'il

---

[247] *Id.*
[248] *Ibid.*, pp. 38-39.
[249] *Ibid.*, pp. 42-44-50.

s'agit de la grammaire. Il devient alors intéressant à cet égard de signaler cette définition de la logique :

> « [Il] *appartient à la logique tout ce qui décrit un jeu de langage.* [...]
>
> *Ce qui compte comme vérification valable d'un énoncé appartient à la logique – appartient à la description du jeu de langage.* [...]
>
> *Mais si on venait nous dire : « la logique est donc elle aussi une science empirique », on aurait tort. Ce qui est juste, c'est ceci : la même proposition peut être traitée à un moment comme ce qui est à vérifier par l'expérience, à un autre moment comme une règle de la vérification.* »[250]

Cependant, on ne devrait pas se tromper sur le concept de « vérification » qui apparaît ici ; il ne renvoie aucunement au vérificationnisme tractatuséen. Le mot « logique » qu'emploie le second Wittgenstein a perdu son sens originel, ce d'autant qu'il est appréhendé dans le cadre du grand système, celui des « jeux de langage ».

> « *Toute vérification de ce qu'on admet comme vrai,* précise-t-il, *toute confirmation ou infirmation prenant déjà place à l'intérieur d'un système. Et assurément ce système n'est pas un point de départ plus ou moins arbitraire ou douteux pour tous nos arguments ; au contraire, il appartient à l'essence de ce que nous appelons un argument. Le système n'est pas tant le point de départ des arguments que leur milieu vital.* »[251]

Ceci signifie que vérification ou justification ont une limite, un « terme » ; qu'on ne peut plus utiliser les catégories « vrai » et « faux » pour fonder l'assurance, la concordance ou la cohérence. Car, comme le souligne une fois de plus Wittgenstein :

---

[250] On pourrait même dire que Wittgenstein pose comme postulat la chose suivante : toutes les propositions, toutes les connaissances sont d'égale valeur. Voir à ce sujet *Ibid.* p. 148, § 653.
[251] *Ibid.*, p. 51.

« L'emploi de « vrai » ou de « faux » a ceci de fabuleux que tout se passe comme si on disait « cela s'accorde avec les faits ou non », alors que ce qui est en question précisément, c'est cet « accord ». [...]

En quoi consiste cet accord, si non en ceci que ce qui est preuve manifeste dans ces jeux de langage parle pour notre proposition ? (Tactatus logico-philosophicus). »[252]

Et il poursuit comme suit :

« Or fonder le témoignage de ces preuves, les justifier, cela connaît un terme ; mais le terme, ce n'est pas que certaines propositions nous apparaissent à l'évidence comme vraies immédiatement donc ce n'est pas, de notre part, une sorte de voir ; le terme, c'est notre action qui se trouve à la base du jeu de langage. »[253]

Comme on peut le constater, notre logicien récuse le scepticisme : ce qui est vrai l'est dans le jeu de langage qui nécessite cette vérité. De même, ce qui est faux l'est en vertu de son emploi dans la vie quotidienne. Certitude et savoir ne sont pas niés, ils sont perçus comme des pratiques. Force est de noter que la sortie du scepticisme est difficile, puisqu'il n'existe aucun fondement à nos « jeux de langage ». Wittgenstein nous y avise d'ailleurs par le truchement de l'injonction suivante :

« Tu dois avoir présent à l'esprit que le jeu de langage est pour ainsi dire quelque chose d'imprévisible. J'entends par là : il n'est pas fondé. Ni raisonnable (ni non plus non raisonnable).

Il est là – comme notre vie. »[254]

On retrouve là, par certains côtés, le **« paradoxe de Wittgenstein »** que Saul Kripke avait débusqué dans les *Investigations Philosophiques,* et qui s'énonce comme suit :

---

[252] *Ibid.*, p. 66-67.

[253] *Ibid.*, pp. 67-68. Voir aussi p.131 ***: « Et la quête du fondement a un terme »***.

[254] *Ibid.*, p. 131.

« Une règle ne peut déterminer la manière d'agir, puisque chaque manière d'agir pourrait être mise en accord avec la règle. La réponse était : si tout peut être mis en accord avec la règle, alors tout peut être mis en désaccord. Et donc il ne pourrait y avoir là ni accord ni désaccord. »[255]

Revenons au paradoxe : étant donné que certitude et incertitude, vérité et fausseté, savoir et doute sont tous des jeux de langage équivalents, lesquels n'ont eux-mêmes aucun fondement certain (puisqu'ils sont « imprévisibles »), on ne peut dire en toute rigueur que Wittgenstein est un sceptique ou qu'il ne l'est pas. Ce manque de clarté, Wittgenstein l'assume dans un passage des *Investigations*, précisément lorsqu'il s'exprime à propos de la logique :

« Mais que devient dès lors notre logique ? Sa rigueur semble ici se relâcher. – mais de ce fait ne disparaît-elle pas absolument ? – Car comment la logique peut-elle perdre sa rigueur ? Naturellement pas du fait que l'on en rabattrait quelque chose. Le préjugé de la pureté de cristal ne peut être écarté que si nous faisons tourner toute notre conception. (On pourrait dire : la conception doit tourner, mais axée sur notre authentique besoin). »[256]

À quelle logique nous convie dès lors la « tournure de « conception » ? Ce qui est certain, du moins pour l'instant, c'est que ce n'est ni vers la logique classique ni vers la logique moderne que nous invite le dépassement wittgensteinien. Mais alors, vers quelle rationalité, puisque la description des jeux de langage est une tâche qui incombe à la logique ?

Le chapitre terminal de cet ouvrage apportera des lumières à cette question cruciale, surtout que les épistémologies de Popper et de Wittgenstein ont ouvert la voie à l'anarchisme méthodologique.

---

[255] S. Kripke, cité par Sandra Laugier, dans « Où se trouvent les règles ? », *Archives de Philosophie*, numéro spécial « Wittgenstein (1889-1951) », juillet -septembre 2001, t. 64, cahier 3, p. 513.

[256] Ludwig Wittgenstein, *Investigations Philosophiques*, *op. cit.*, p. 107.

CHAPITRE 6

Post-poppérisme ou néo-wittgensteinisme ? Du falsificationnisme à l'anarchisme méthodologique et à l'antiformalisme

Dans ce dernier chapitre, nous ambitionnons d'examiner le devenir du falsificationnisme, devenir qui va se lire comme un retour au wittgensteinisme, comme dans un boomerang.

A. Du falsificationnisme à l'irrationalisme

Dans *La science et les sciences*, Gilles-Gaston Granger se demande si le domaine dans lequel la visée scientifique de la connaissance peut légitimement s'exercer est borné [257]. Autrement dit, faut-il assigner des frontières à la science ? La réponse est non, car selon lui, aucune raison dérivant de la nature de la science ne contraint à délimiter son champ d'investigation. Nous connaissons également la réponse de Popper. Au durcissement néopositiviste, il assouplit la frontière entre la science et la non-science. Fait plus important, Karl Popper conteste vivement le déterminisme universel tel que Laplace l'a formulé dans son *Essai philosophique sur les probabilités*. Dans sa défense de l'indéterminisme, Popper conçoit « *les théories scientifiques comme autant d'inventions humaines, comme des filets créés par nous et destinés à capturer le monde* »[258].

À ses yeux, la doctrine du déterminisme est entièrement dépourvue de fondement, étant donné que la création d'une œuvre originale ne peut être prédite. Dans son faillibilisme, il

[257] G. G. Granger, *La science et les* sciences, Paris, PUF, Collection « Que sais-je ? », 1993, p. 117.

[258] K. R. Popper, *L'univers irrésolu. Plaidoyer pour l'indéterminisme*, trad. de Renée Bouveresse, Paris, Hermann, 1984, pp. 35-37.

établit que nous nous approchons seulement de la vérité, puisque nous sommes limités. C'est pourquoi, en science, « *nous testons nos théories afin d'éliminer celles qui ne sont pas vraies. C'est ainsi que nous parvenons à améliorer nos théories en tant qu'instruments : en créant des filets qui sont de mieux en mieux adaptés à la tâche d'attraper nos poissons, à savoir le monde réel.* »[259]

1. Le rationalisme critique de Popper ou l'ouverture à l'*irrationalisme tenace*

Dans l'approche poppérienne, les théories scientifiques, qui ne sont que d'excellentes approximations de la réalité, peuvent bénéficier « *de rêves irresponsables, d'obstination et d'erreurs* »[260]. Popper ajoute que « *nous sommes capables de forger des mythes, des histoires, des théories ; nous sommes avides d'explication, animés d'une curiosité insatiable et du désir de savoir* »[261]. Dans sa critique des partisans de la philosophie analytique et même de Wittgenstein, il remarquait encore que « *les philosophes sont aussi libres que d'autres d'utiliser, dans leur recherche de la vérité, n'importe quelle méthode. Il n'y a pas de méthode particulière à la philosophie* »[262].

Tels sont donc les prolégomènes à la logique de la découverte scientifique, lesquels contribuent « *curieusement à ce que l'épistémologie fût en crise en suscitant des réactions radicalement opposées aux siennes* »[263]. Le rationalisme critique de Popper a ouvert la voie à « *quelques irrationalismes tenaces* », puisque c'est à partir de ses travaux que Kuhn et Feyerabend convertissent l'épistémologie en sociologisme ou en historicisme pur et

---

[259] *Id.*
[260] K. R. Popper, *Conjectures et réfutations,* p. 321.
[261] *Ibid.*, p. 148.
[262] K. R. Popper, *La logique de la découverte scientifique,* p. 12.
[263] A. Kremer-Marietti, *Ethique et épistémologie,* p. 18.

simple. L'audace conjecturale et le libertarisme qu'ils instaurent au sein de son falsificationnisme conduisent à assimiler la science à la religion, aux mythes, à la magie, à la sorcellerie. L'asymétrie cruciale de l'œuvre dans sa théorie scientifique considère en effet qu'on ne peut jamais prouver une théorie, « *car elle fait, en général, une infinité de prédictions empiriques dont on ne peut tester qu'un sous-ensemble fini* »[264]. N'en déplaise à Hans-Joachim Niemann, d'autant que comme le notent fort justement Sokal et J. Bricmont qui estiment que Popper constitue un bon point de départ du scepticisme contemporain, « *en premier lieu parce qu'une grande partie des développements modernes en épistémologie (Kuhn, Feyerabend) s'est faite en réaction à lui.* »[265] Il a été question pour Feyerabend de parachever la théorie de son maître, qui n'a pas été aussi audacieux que les théories audacieuses. C'est pourquoi, ayant achevé sa contribution à la science moderne, il établit subrepticement une homologie entre science et magie. Pour lui, la « *sagesse fondamentale* » des sorcières et des mages peut être supérieure à la « *sagesse scientifique fondamentale* »[266]. D'où la vanité de toute spécificité du savoir scientifique et l'actualité de l'interrogation d'Auguste Comte dans le tome 1 et la 1re leçon (1830) du *Cours de philosophie positive*. Il se demande en effet « *quelle doit être l'ambition de la science.* » Comme Popper, Kuhn et Feyerabend invalident le déterminisme, notamment le caractère fondamental de la philosophie positive, lequel consiste à regarder tous les phénomènes comme assujettis à des lois naturelles invariables dont la découverte précise et la réduction au moindre nombre possible sont le but de tous nos efforts pour valoriser l'attitude antiscientifique. C'est ce qui fait dire à Sokal et Bricmont que « *Tous ces problèmes ne seraient pas*

---

264 A. Sokal et J. Bricmont, *Impostures intellectuelles,* p. 102.
265 *Ibid.*, pp. 102-103.
266 P. Feyerabend, *Contre la méthode, op. cit.,* p. 228.

si graves s'ils n'avaient suscité une forte réaction irrationaliste : certains penseurs, principalement Feyerabend, rejettent l'épistémologie de Popper, en lui opposant en partie les arguments discutés ci-dessus, et tombent ensuite dans une attitude antiscientifique extrême. »[267]

Nous entendons, dans la sous-section qui suit, examiner les limites de la méthodologie poppérienne. Il s'agit de faire ressortir les critiques légitimes qu'on peut lui adresser et qui ont alimenté l'épistémologie des tenants de « *l'épistémologie post-critique* ». Rappelons au passage que les problèmes que pose le rationalisme critique portent, entre autres sur : le statut de l'expérience dans la science, la complexité de la falsifiabilité, la prétendue résolution du problème de l'induction, l'idée du progrès ou du dynamisme de la science, l'ouverture sur le relativisme, l'unité de la science, et l'objectivité.

2. Le retour du refoulé : Popper adepte du vérificationnisme

Comme nous l'avons déjà fait remarquer, Popper a remis en cause le vérificationnisme du positivisme logique. Il a dénoncé les paradoxes de la logique inductive, luttant par là contre toutes les formes d'idéalisme et de psychologisme. Mais curieusement, certaines de ses vues ne sont pas très éloignées des thèses qu'il combat. C'est ce que note d'ailleurs avec pertinence Jean François Malherbe dans les termes qui suivent: « Si *de nombreuses différences séparent le rationalisme critique de l'empirisme logique (...) il nous semble néanmoins que les philosophies de l'empirisme logique et de Popper ont beaucoup en commun* »[268]. Qu'en est-il exactement ?

[267] A. Sokal et J. Bricmont, *op. cit.*, p. 112.
[268] J.-F. Malherbe, *La philosophie de Karl Popper et le positivisme logique*, *op.cit.*, p. 170.

La place accordée à l'expérience rapproche le poppérisme du vérificationnisme du Cercle de Vienne. Sur ce point précis, Jean François Malherbe est bien fondé de dire que le rationalisme critique et l'empirisme logique sont des « *monismes logicistes* »[269] . Les tenants de la logique inductive ont voulu fonder unilatéralement la connaissance scientifique sur la base de l'expérience. D'après eux, la science vise la certitude et repose sur « *une base rocheuse* » qu'est l'assise observationnelle. Ainsi, le vérificationnisme du Cercle de Vienne mène une guerre sans merci contre l'abstraction philosophique, car « *se livrer à la philosophie signifie purement et simplement : rendre clairs et expliquer les concepts et les propositions de la science au moyen de l'analyse logique.* »[270]

Nous avons vu que d'après la falsifiabilité, c'est la possibilité pour une théorie d'être réfutée, c'est-à-dire d'être infirmée par l'expérience qui en justifie la scientificité. Dans cette perspective, une théorie qui n'est réfutable par aucun événement qui se puisse concevoir est dépourvue de caractère scientifique. Voilà pourquoi l'horoscope, l'astrologie, la théorie marxiste ou encore la théorie psychanalytique de Freud sont condamnés, parce qu'ils se mettent par avance à l'abri de toute réfutation. Il apparaît clairement que c'est la possibilité d'invalider une théorie, de la réfuter ou encore de la tester sévèrement qui constitue le critère de scientificité. Sous ce rapport, Popper n'est pas aussi éloigné de Carnap qui fondait ses diverses théories de la vérification sur la supposition que les théories scientifiques visent à la certitude.

Popper a considérablement critiqué le vérificationnisme du Cercle de Vienne, car il s'était agi pour les positivistes de fonder définitivement la vérité. La réponse de Popper est contenue dans son faillibilisme. Pour lui, on ne part jamais de

---

[269] *Ibid.*
[270] R. Carnap, *L'ancienne et la nouvelle logique, op. cit.*, p. 36.

l'observation naïve, « *mais toujours d'anticipations organisatrices ou structurantes plus ou moins explicites, innées ou acquises (par essais et erreurs), mais toujours faillibles, et dont on soumet les conséquences déductives à l'épreuve de l'expérience.* »[271]

La « *matrice* » logiciste dans laquelle se développe la pensée de Popper montre qu'il est resté rattaché au vérificationnisme. L'expérience, bien que minimale, joue un rôle discriminant entre les énoncés empiriques ou scientifiques et les énoncés dépourvus de sens. La conception poppérienne qui pose qu' « *une théorie est falsifiable dans le seul cas où nous avons accepté des énoncés de base qui sont en contradiction avec elle* »[272] reste, malgré tout, prisonnière du carcan logiciste. C'est ce qu'atteste cette remarque d'Alfred Jules Ayer : « *Là où Popper s'est surtout trompé, c'est en pensant avoir échappé au problème de l'induction de Hume.* »[273]

Bien plus, si Popper s'oppose aux démarches unilatérales du rationalisme et de l'empirisme, plusieurs éléments mettent à mal le rationalisme critique de cet auteur, à savoir, le duel classique fait-théorie, le problème de la base empirique, de la démarcation ou de l'induction. À cela, il faut ajouter la séparation entre le fait et la théorie. En remplaçant la vérification incertaine par la falsification, Popper a renforcé l'opposition classique et naïve entre le fait et la théorie. En admettant que l'expérience perceptive constitue l'instance qui valide les théories, Popper pérennise la distinction classique entre faits et théories.

La seconde difficulté de l'épistémologie poppérienne qui est par ailleurs signalée par Alan Sokal et Jean Bricmont

---

[271]- A. Boyer, *op. cit.*, p. III.

[272]- K. Raimund Popper, *La logique de la découverte scientifique,* p. 85.

[273]- A. Jules Ayer, « Le Cercle de Vienne », in *Le Cercle de Vienne, doctrines et controverses,* p. 75.

porte sur le principe de falsification. Pour ces auteurs, « *la falsification d'une théorie est bien plus compliquée qu'il n'y paraît* »[274] dans la mesure où « *les propositions scientifiques ne sont pas falsifiables une par une* »[275]. Cela se justifie parce que des hypothèses additionnelles sont toujours nécessaires.

Ce qui aiguillonne Popper, c'est la conviction qu' « *une science sans expériences* » est impossible, que les faits existent indépendamment des théories. Angèle Kremer Marietti[276] signale, dans cette perspective, les positions de Willard Orman Van Quine vis-à-vis de Carnap au colloque organisé à Paris en 1983 autour du Cercle de Vienne. Il écrit en effet qu' « *il n'y a pas de raisons bien claires pour séparer ses composantes* [de la science] *énoncé par énoncé* »[277]. Pour Quine donc, il y a une étroite relation entre les idées et les faits. Popper a eu le mérite de poser que « *la possession d'un point de départ établi est inutile pour le scientifique.* »[278] Cependant, au même titre que les défenseurs du logicisme viennois, il a accordé une place centrale à l'expérience.

---

[274] Cf. A. Sokal et J. Bricmont, *Impostures intellectuelles*, Paris, Editions Odile Jacob, 1997, p. 106.

[275] *Ibid.*, p. 108.

[276] A. Kremer Marietti, *Ethique et Epistémologie autour du livre impostures intellectuelles de Sokal et Bricmont*, Paris, L'Harmattan, 2001, p. 17. Cf. les Journées Internationales, Créteil-Paris, 29-30 sept. 1er octobre 1983, organisées par Jean Sebestik et Antonia Soulez. Voir la publication des communications in *Le Cercle de Vienne, doctrines et controverses.*

[277] W. O. V. Quine, « Two dogmas of empiricism » du Livre, *From logical point of view* (1953), 2e édition révisée, Cambridge, Massachusetts, Harvard University Press, 1980, pp. 40-42, cité par A. Kremer Marietti, *op.cit.*, p. 17.

[278] R. Bouveresse, *Karl Popper ou Le rationalisme critique*, Paris, J. Vrin, 1998, p. 33.

La thèse de la certitude absolue ne se justifie pas par ailleurs. Si l'on s'en tient en effet à Renée Bouveresse, commentatrice de Popper, les étoiles photographiées sont restées ignorées jusqu'à ce que déduisant leur existence, les savants soient capables de les percevoir sur des documents dont on dispose déjà. C'est dire que l'expérience n'est pas cruciale, qu'elle n'a pas un rôle décisif, étant donné qu'elle intervient à la périphérie en cas de conflits et permet des réajustements à l'intérieur du champ. Dès lors, l'opposition classique entre la théorie et le fait est naïve. Popper n'a pas en effet compris que « *les faits sont chargés de théories* » selon la formule de Norwood Russell Hanson (1924-1967). Dans *Modèles de la découverte*, il traite de la complexité de l'assise empirique. Hanson Russell s'inspire du cadre géocentrique et héliocentrique opposant l'astronome danois Tycho Brahé (1546-1601) à l'astronome allemand Johannes Kepler (1571-1630) pour établir que ces deux savants « *ne voient pas la même chose* »[279] lorsqu'ils regardent à l'aube le ciel à l'Est. Tycho Brahé, attaché au système aristotélicien et ptolémaïque, voit un astre en mouvement et Kepler un astre immobile. Attaché plutôt au système copernicien, il trouve que c'est la terre qui se meut. Ainsi donc, les données observationnelles ne suffisent pas pour définir les modèles rationnels susceptibles d'expliquer le progrès scientifique.

L'observation dépend plutôt d'un cadre théorique. C'est pour cette raison que Tycho Braché et Kepler, qui appartiennent aux cadres conceptuels différents, ne perçoivent pas la même réalité. Pour Norwood Russell Hanson, la recherche d'hypothèses constitue la phase importante de l'activité scientifique, contrairement à Popper qui nous invite à « *falsifier* » victorieusement les hypothèses au moyen des données observationnelles. Il va même plus

[279] N. R. Hanson, *Modèles de la découverte*, traduction et présentation d'Emboussi Nyano, Editions Dianoïa/Chennevrières, sur Marne, janvier 2001, p. XXV.

loin lorsqu'il invite les philosophes des sciences ou les savants à rechercher avant tout les « *patterns* », c'est-à-dire des modèles structurants ou organisateurs, afin de rendre compte des « *détails fragmentaires que leur fournissent les phénomènes* », au lieu de renforcer l'autorité du programme observationaliste. Cette conviction et critique hansonienne s'explique par le fait qu'il y a une relation étroite entre les faits et les théories. « *L'observation, le fait, contiennent déjà la théorie ; celle-ci n'apparaît pas avant de dispenser aux scientifiques les faits* »[280].

Il ajoute qu' « *on ne peut plus entreprendre une démarche à partir des faits bruts ou d'une théorie vierge* »[281]. Ce que nous venons de dire indique que Popper a inversé le schéma inductiviste sans pour autant se séparer de l'expérience qui a pour rôle de contredire les théories.

Après les premiers assauts livrés contre ce point de vue par Quine et Pierre Duhem[282], Thomas Sanders Kuhn critique à son tour l'idée que les données expérimentales puissent réfuter la théorie. Pour lui, Popper n'a pas compris qu'il y a une étroite imbrication entre les faits et les hypothèses. Le passage d'un paradigme à l'autre ne s'opère pas sous le mode de la séparation de ces deux instances. Thomas Kuhn observe pertinemment que « *La science normale doit toujours s'efforcer, ce qu'elle fait de mettre la théorie et les faits en contact plus étroit, et cette activité peut facilement être considérée comme une recherche de confirmation ou d'infirmation* »[283].

---

[280] *Ibid.*
[281] *Ibid.*
[282] P. Duhem, *La théorie physique, son objet, sa structure*, Paris, J. Vrin, 1989, pp. 278 -281. Dans ces pages, il s'insurge contre les « expériences cruciales ».
[283] T. S. Kuhn, *La structure des révolutions scientifiques,* p. 118.

Le parallélisme entre la théorie et le fait est déjà clair chez le philosophe américain. Nous avons jusqu'ici seulement mis en relief les difficultés posées par la distinction classique fait-théorie que pérennise Karl Popper. Le rôle de l'expérience légitimée par Popper à la suite des empiristes logiques a commencé à être ébranlé après les années 60. Beaucoup de savants et même des disciples directs de Popper iront jusqu'à concevoir la possibilité d'une science sans expérience. C'est le cas précis de Paul Feyerabend (1924-1994), qui a été son élève à la *London school of economics and political science.* Celui-ci a effectivement soutenu l'hypothèse d'une « *science sans expérience* ».

D'après Feyerabend, le savant peut évaluer la théorie par elle-même en introduisant par exemple une théorie dans l'ordinateur et en lui fournissant des instruments appropriés. Pour l'auteur de *Contre la méthode*, l'ordinateur est assez puissant pour nous donner des informations macroscopiques sur les phénomènes du monde. Ceci en donnant des réponses du type « oui » ou « non » qui permettent aux scientifiques de savoir si une théorie a été confirmée sans l'épreuve de soumission aux tests empiriques[284]. Pour l'essentiel, l'auteur de *Contre la méthode* propose une épistémologie libertaire et promeut l'irrationalisme en guise de dépassement du poppérisme.

3. *L'améthode* : solution pro-wittgensteinienne contre le poppérisme

Popper a certes bouleversé la communauté scientifique du XXe siècle en admettant que « *La démarche du savant doit consister non pas à prouver le bien-fondé d'une théorie, mais*

[284] P. Feyerabend, « La science sans expérience », in *Realism, Rationalism and Scientific Method, Philosophical Papers*, vol.1, Cambridge, University Press, 1981, pp. 132-137, trad.de Annouk Barberousse, *L'expérience*, Paris, Editions Garnier Flammarion, 1999, p. 130.

à essayer de la démolir, de multiplier les expériences susceptibles de démontrer qu'elle est fausse. »[285] Toutefois, les limites de son logicisme ont paradoxalement engendré les spectres du scepticisme ou du relativisme qu'il combattait. L'antirationalisme militant de Popper est assez remarquable dans le tome 2 de *La société ouverte et ses ennemis*. En défenseur du rationalisme, il affirme que :

> *L'irrationalisme se manifeste sous des formes très diverses, dont l'une correspond à un mode aussi répandu que redoutable chez nos contemporains. Elle consiste à ne jamais prendre un argument au pied de la lettre et à ne voir en lui rien de plus que l'expression des motivations irrationnelles plus profondes.*[286]

Popper dit d'ailleurs ceci : « *mon attaque contre l'irrationalisme a bien un caractère moral* »[287]. Cela se justifie, car Popper, explique Guy Sorman, a été « *le premier philosophe de notre temps à s'élever contre le relativisme moral, bien avant qu'Allan Bloom aux Etats-Unis ou Alain Finkielkraut en France ne s'emparent de ce thème* ».[288]

Si pour Popper l'irrationalisme ne se contente pas de rationaliser ce qui ne peut pas l'être, mais se fourvoie complètement, nous pouvons également nous demander s'il ne s'est pas lui-même fourvoyé ?

À la suite de Popper, Paul Karl Feyerabend accuse le Cercle de Vienne d'avoir « *redéfini et radicalement restreint notre image des sciences.* »[289]

Comme son maître Popper, Feyerabend reste antifondationnaliste. C'est pour cette raison que, assumant le programme relativiste prescrit par Popper, Feyerabend

---

[285] *Ibid.*, p. 324.
[286] *Id.*
[287] K. Raimund Popper, *La société ouverte et ses ennemis*, t. 2, p. 169.
[288] G. Sorman, *op. cit.*, p. 325.
[289] P. Feyerabend, *Adieu la raison*, *op. cit.*, p. 23.

affirme que « *Les scientifiques en général peuvent tirer profit d'une étude des méthodes et des conceptions non scientifiques* »[290]. Pour Feyerabend, les mythes, les dogmes de la théologie, la métaphysique et d'autres instances permettent de construire une conception du monde[291]. L'idée qui sous-tend l'épistémologie poppérienne et feyerabendienne, c'est que la science n'est pas un édifice totalement transparent.

Popper avouait en effet avant Feyerabend que « *le conflit entre science et religion, si caractéristique du XIXe siècle, me paraît largement dépassé.* »[292]

L'approche historiciste qu'il défend également prétend que « *la science est beaucoup plus proche du mythe qu'une philosophie scientifique n'est prête à l'admettre.* »[293] Le rapprochement entre la science et le mythe peut prêter à équivoque, dans la mesure où on note déjà une confusion entre ces deux instances. Feyerabend ira même plus loin, car il assimile la science aux dimensions illogiques. C'est ce qui fait dire à Martin Gardener que Feyerabend est le « *théoricien de l'antiscience.* »[294] Emmanuel Malolo Dissake ajoute qu'on doit pouvoir « *classer Feyerabend dans la mouvance irrationaliste dominante de cette fin de siècle, et par ricochet, mettre en valeur l'importance de l'approche poppérienne en tant que combat contre cet irrationalisme inquiétant.* »[295]

En effet, l'irrationalisme feyerabendien dérive de l'assouplissement de la frontière entre les sciences et les

---

290 *Ibid.*, p. 29.
291 P. Feyrabend, *Contre la méthode*, *op. cit.*, p. 196.
292 K. R. Popper, *La société ouverte et ses ennemis*, *op. cit.*, p. 165.
293 *Ibid.*, p. 332.
294 M. Gardener, « Anti-science, the Strange Case of Paul Feyerabend », cité par Emmanuel Malolo Dissake in *Feyerabend, anarchisme et société libre,* p. 7.
295 E. Malolo Dissake, *Feyerabend, anarchisme et société libre*, *op. cit.*, p. 10.

pseudosciences, de l'audace intellectuelle motivée par le désir insatiable de savoir. Popper affirme alors que « *nous sommes capables de forger des mythes, des histoires, des théories, nous sommes avides d'explication, animés d'une curiosité insatiable et du désir de savoir.* »[296]

Contrairement à Kant qui enseignait que la raison humaine n'est pas en mesure de percer les mystères du monde nouménal, Popper montre qu'il existe d'autres voies que celle du rationalisme absolu ou dogmatique. Nous faisons recours à des moyens irrationnels ou supra rationnels, tels que l'instinct, l'inspiration poétique, les états d'âme. D'après Popper, le développement de la connaissance scientifique ne doit pas s'arrêter, de même que l'infirmité de notre ignorance nous oblige à explorer toutes les idées humaines. En effet, « *L'histoire de la science, à l'instar de celle de toutes les idées humaines, est faite de rêves irresponsables, d'obstination et d'erreur. Mais la science est l'une des rares activités humaines et sans doute la seule où les erreurs soient systématiquement critiquées.* »[297]

C'est cette attitude libérale à l'égard des rêves irresponsables et des mythes qui oblige Feyerabend à dire qu'« *il est donc nécessaire de revoir notre attitude envers le mythe, la religion la magie, la sorcellerie, et toutes ces idées que les rationalistes voudraient voir disparaître de la surface de la Terre.* »[298]

Pour le dadaïste désinvolte, la science n'a pas l'exclusivité du savoir ni aucune autorité sur les autres dogmes de vie. C'est ce qui le pousse à s'opposer à l'enseignement obligatoire des matières scientifiques dans les écoles. Pour lui, on devrait donner aux parents d'un enfant de 6 ans la possibilité d'instruire ce dernier dans les rudiments du

---

[296] K. R. Popper, *Conjectures et réfutations, op. cit.*, p. 148.
[297] *Ibid.*, p. 321.
[298] P. Feyerabend, *Contre la méthode*, *op.cit.*, p. 336.

protestantisme ou de la foi juive. Il dit ne pas comprendre pourquoi il faut absolument apprendre la physique, l'astronomie, l'histoire, alors qu'on n'a pas le droit de les remplacer par la magie, l'astrologie, la sorcellerie ou l'étude des légendes.[299]

Il propose paradoxalement et à la suite des vérificationnistes, une épistémologie normative, car en assouplissant le critère de signification, le critère poppérien demeure toutefois un critère de sens. Ceci

> *En ce sens qu'elle explicite un principe de démarcation distinguant et d'une certaine manière privilégiant un mode de connaissance capable de nous donner une information sur les résultats empiriques de nos actions (...,) Il ne s'agit pas alors de séparer des sciences « normales » et des sciences « hétérodoxes », mais de reconnaître si et comment un corps de connaissance donne effectivement prise au critère en question. L'autre direction nous oriente vers une épistémologie positive, consistant à diagnostiquer à part ce qui paraît actuellement ouvert à une connaissance scientifique.*[300]

La non-limitation de la science au programme observationnaliste dans la conception poppérienne a paradoxalement scellé une relation entre la science et les pseudo-énoncés de la métaphysique.

Ce que nous observons, c'est que la vérité n'existe pas finalement. L'objectif de Popper était de démystifier « *la tentation totalitaire* ». La notion d'approximation de la vérité ou de vérisimilarité enseigne que nous devons sans cesse mettre à l'épreuve nos idées sans jamais les considérer comme établies. Sans aucune surprise, Popper n'est pas un défenseur acharné de la vérité et de la vérité absolue.

---

[299] *Ibid.*, p. 339.

[300] G.-G. Granger, « Peut-on assigner des frontières à la connaissance scientifique ? », in *Fundamenta scientia*, vol. 3, N°1, Pergamon Press, pp. 9-19.

Feyerabend assume cet héritage dans ses travaux ultérieurs. Dans *Adieu la raison*, il rappelle que son « *but est de montrer que le relativisme est raisonnable, humain et plus répandu qu'on ne le croit généralement.* »[301] Il ajoute plus loin que « *les scientifiques en général peuvent tirer profit d'une étude des méthodes et des conceptions non scientifiques.* »[302]

D'après l'auteur de *Tuer le temps*, les scientifiques ne doivent pas utiliser la science comme un rouleau compresseur qui aplatit tout sur son chemin, les autres alternatives étant indispensables pour accroître le savoir et lutter contre le dogmatisme. Il fait ainsi allusion à la magie, à la religion, aux mythes. Convoquant son maître Popper, Feyerabend écrit : « *le relativisme », nous dit Karl Popper (...) est la position à partir de laquelle on peut affirmer tout, ou presque tout, et donc rien du tout (...) la vérité, dès lors, n'a pas de sens.* »[303]

Le relativisme « *est issu d'une tolérance laxiste et même à la domination du pouvoir.* »[304] S'inspirant des thèses de Protagoras selon lesquelles les lois et les institutions devraient être définies par rapport aux besoins et aux contextes des sociétés, Feyerabend affirme que « *Pour tout énoncé (théorie, point de vue) dont on croit qu'il est vrai pour de bonnes raisons, il peut exister des arguments qui prouvent que, soit l'énoncé est contraire, soit une version alternative plus faible est vraie.* »[305]

L'auteur de *Contre la méthode* s'inspire ainsi du caractère conjectural de la connaissance élaboré par Popper. Toutefois, contre Popper qui a établi une échelle entre les théories, Feyerabend reprend Putnam pour qui « *il n'existe pas de*

---

301 P. Feyerabend, *Adieu la raison*, *op. cit.*, p. 21.
302 *Ibid.*, p. 29.
303 *Ibid.*, p. 96.
304 *Ibid.*, p. 90.
305 *Ibid.*, p. 99.

perspective qui soit mieux justifiée ou plus juste que n'importe quelle autre. »[306]

Il nie ouvertement, et sans gêne, l'idée d'une quelconque cohérence du savoir. « *Il n'y a pas de savoir cohérent, c'est-à-dire qu'il n'existe pas de compte rendu uniforme du monde et des événements qui s'y déroulent.* »[307] Pour Feyerabend, l'uniformité grandissante des sociétés « civilisées » ou de nos sociétés actuelles ne prouve pas que le relativisme a échoué. De ce fait, les « marchands de vérité universelle » oublient que « *la Noble Raison » est vincible, que « la « vérité », écrite « en majuscules » est une orpheline en ce monde.* »[308]

Feyerabend est d'autant plus conforté dans son parti pris qu'il se souvient que dans la préface de *La logique de la découverte scientifique*, Popper soutient avec fermeté la thèse suivante : « *Les philosophes sont aussi libres que d'autres d'utiliser, dans leur recherche de la vérité, n'importe quelle méthode. Il n'y a pas de méthode particulière à la philosophie.* »[309]

Telle est donc la base de « *l'améthode* ». C'est justement cette liberté épistémologique qui motive Feyerabend à revoir le problème classique du rapport science-métaphysique.

Il situe l'origine de la science dans la rupture parménidienne avec une « *cosmologie archaïque* » qui adhérait au donné de l'expérience immédiate sans rechercher une essence intelligible au-delà[310]. Fonad Nohra pense ainsi que la science n'est que le prolongement du projet mathématique.

---

[306] *Ibid.*, p. 99.
[307] *Ibid.*, p. 118.
[308] *Ibid.*, p. 123.
[309] K. R. Popper, *La logique de la découverte scientifique*, p. 12.
[310] F. Nohra, « A propos du relativisme cognitif : lecture critique de Feyerabend », in *Ethique et épistémologie*, pp. 185-197.

Pour Feyerabend, la science et la métaphysique ont la même origine en partage. Des changements d'ontologie favorisent souvent des changements conceptuels. Pour lui, l'activité scientifique reproduit à sa manière le monde « B », en rupture avec l'expérience ordinaire ou quotidienne. Feyerabend en vient à dénoncer l'idée que l'expérience a un rôle discriminant. La théorie de l'incommensurabilité des théories scientifiques suppose notamment que toutes les théories scientifiques se valent, aucune théorie n'est supérieure à une autre, puisqu'elles peuvent être interprétées de diverses manières.

De la sorte, rien ne sert d'essayer de relier des énoncés classiques avec des énoncés relativistes par une hypothèse empirique. Se servant de la théorie de la relativité, Feyerabend montre qu'elle fournit aussi de nouveaux principes pour constituer des faits mécaniques ; si bien que le nouveau système conceptuel ainsi créé ne nie pas seulement l'existence d'états de faits classiques, il nie aussi la possibilité de formuler des énoncés exprimant de tels faits. Il ne partage pas même un seul énoncé avec son prédécesseur, mais il ne saurait être abandonné, puisqu'il appartient à d'autres paradigmes.

Feyerabend met ainsi à mal l'approche poppérienne. Il est d'accord avec Popper pour dire que l'autoritarisme épistémologique est un obstacle au progrès scientifique. Il affirme à cet effet que « *séparer la science de la non-science est non seulement artificiel, mais nuisible à l'avancement de la connaissance.* »[311]Toutefois, il note que l'ouverture de la science à d'autres formes de savoir est restée orientée.

Le dadaïste rejette également l'idée que l'expérience puisse jouer un rôle discriminant, ceci à travers la disjonction exclusive entre ce qui est déjà falsifié et ce qui n'est que

[311] *Ibid.*, p. 346.

falsifiable. Pour lui, le rôle de falsificateur que Popper accorde à l'expérience ne se justifie pas, d'autant que traditionnellement, le programme empiriste est motivé par trois idéologies :

> *(i)Eliminate prejudice » (éliminer les préjugés) ; un appel que l'on retrouve depuis la purge des idoles chez Bacon jusqu'à la traque du non-sens métaphysique chez les positivistes viennois ; « (ii) pay attention to experience » (Faites attention à l'expérience), demande minimale de tout empiriste ; « iii » make your ideas consistent with experience or derive them from experience.*[312]

L'approche feyerabendienne établit que c'est la théorie qui donne un sens à l'expérience ; il s'agit à son sens de proposer un « *empirisme raisonnable* » et « *désinfecté* », le bon empiriste devant être un pluraliste, un « *métaphysicien critique* », dont la mission est de construire des théories nouvelles rivales, y compris celles empiriquement défaillantes. Dans l'introduction de l'ouvrage *De Vienne à Cambridge. L'héritage du positivisme logique*, Paul Feyerabend renouvelle le statut de l'empirisme en science. S'il tient pour assuré que l'expérience est la caractéristique de toute démarche scientifique, il nous invite tout de même à nous départir de ses considérations dogmatiques, car la pluralité des théories libère la science de ses versions autoritaristes et favorise une critique des idées reçues. Feyerabend donne d'ailleurs clairement une idée de ce que peut être un bon empiriste :

> *Un bon empiriste ne se contentera pas de la théorie qui occupe le devant de la scène ni des tests de la théorie qu'on peut effectuer directement. Sachant que la critique la plus générale et la plus fondamentale est toujours produite à l'aide des théories rivales, il essaiera d'inventer des théories rivales[...] La première étape consistera donc à formuler des hypothèses assez générales et non directement reliées aux observations. Sa*

---

[312] P. Feyerabend, *Problems of Empiricism*, Cambridge, Cambridge, University Press, 1981, p. 18.

première étape consistera donc à inventer une nouvelle métaphysique. Il faudra que cette métaphysique soit énoncée avec suffisamment de précision pour rivaliser avec la théorie examinée, du point de vue de la généralité des détails, des prédictions et de la précision de la formulation. On peut résumer les deux activités, en disant qu'un bon empiriste doit être un métaphysicien critique. En éliminant toute métaphysique, on risque, au lieu d'augmenter le contenu empirique de théories restantes, de les transformer en dogmes.[313]

Le programme falsificationniste est également assorti des difficultés relatives au statut de l'induction et de l'ouverture incontrôlée de la science à la non-science. On se rappelle que Feyerabend a opposé la contre-induction à la « *résolution* » poppérienne de la question de l'induction.

Il écrit à cet effet que

L'empirisme, du moins dans quelques-unes de ses formes les plus sophistiquées, exige que le contenu empirique d'une quelconque de nos connaissances soit porté à son maximum. À partir de là, l'invention d'alternatives théoriques démontre que cette condition est contraire non seulement à la pratique scientifique, mais également à l'empirisme.[314]

Le philosophe autrichien s'oppose ainsi à l'idée que l'assise observationnelle puisse expliquer ce que nous observons. Popper se serait trompé, l'important à ses yeux étant de multiplier « *des alternatives théoriques* », d'inciter à la recherche au lieu de renforcer le pouvoir des « *expériences cruciales* ». Dans le chapitre 2 de *Contre la méthode*, Feyerabend formule des « *contre-règles* », c'est-à-dire celles qui nous incitent à introduire et à élaborer des hypothèses qui ne concordent pas avec des théories bien établies et/ou avec des faits bien établis.

---

[313] P. Feyerabend, « Comment être un bon empiriste. Plaidoyer en faveur de la tolérance en matière épistémologique », in *De vienne à Cambridge* (Sous la direction de Pierre Jacob), pp. 296-299.
[314] *Ibid.*, p. 40.

Au-delà des contre-règles, Feyerabend s'intéresse également à la thèse de la croissance du savoir qui occupe une place centrale dans l'épistémologie de Karl Popper. D'après Popper, toutes les sources de la connaissance se prêtent à une éventuelle critique, d'autant que « *Les progrès du savoir sont essentiellement la transformation d'un savoir antérieur.* »[315]

L'épistémologie poppérienne estime que l'importance des découvertes réside dans leur constante capacité à modifier nos théories antérieures, étant entendu que notre ignorance est infinie et que la vérité transcende l'autorité humaine. En considérant que la connaissance progresse par « *essais et erreurs* » et que la science est « *la quête obstinée et audacieusement critique de la vérité* »[316], Popper entend proposer, au même titre que les positivistes logiques, un critère suffisant de « *la logique de la recherche scientifique* ». Comme les partisans du Cercle de Vienne, il ne se sera donc pas mis à l'abri du dogmatisme qu'il aura pourtant prétendu avoir enterré, si l'on en croit Feyerabend.

Bien plus, la désinvolture que Popper affiche à l'endroit du principe de signification tout en soulignant, dans la même veine, que la structure audacieuse des théories scientifiques s'édifie en quelque sorte sur un marécage, laisse comprendre qu'il n'y a pas de points stables en science. C'est précisément pour cette raison que Thomas Sanders Kuhn (1922-1996) fonde sa paradigmologie sur l'idée d'une « *science normale* », cette activité consistant à résoudre des énigmes. C'est également une entreprise fortement cumulative qui ne se propose « *pas de découvrir des nouveautés, ni en matière*

---

[315] Karl R. Popper, *Conjectures et réfutations,* p. 53.
[316] Karl R. Popper, *La logique de la découverte scientifique*, *op. cit.*, p. 287.

de théorie, ni en ce qui concerne les faits, et quand elle réussit dans la recherche, elle n'en découvre pas. »[317]

4. La paradigmologie de Kuhn, thérapie au falsifiabilisme

D'après cette figure dominante de la philosophie et de l'histoire des sciences des quarante dernières années, celle de Kuhn notamment, la science est fondée sur la théorie des paradigmes. La réflexion philosophique renouvelée de Kuhn, moins portée sur l'analyse logique et conceptuelle, montre que les sciences de la nature ont un mode de développement tout à fait particulier. Pour le « *philosophe des sciences révolutionnaires* »,

> *Ce qui caractérise la science normale, c'est que les scientifiques travaillent sous l'emprise d'un paradigme unique, c'est-à-dire d'une certaine conception du monde, mais d'une conception particulière des enjeux et des méthodes valables d'une discipline scientifique. Tant que dure ce paradigme, c'est-à-dire tant et aussi longtemps que les chercheurs d'un certain champ s'y ressourcent, y trouvent les problèmes types et les solutions exemplaires de leur domaine, une certaine tradition de recherche s'articule, se développe et maintient son emprise sur les esprits.*[318]

Ces propos assez instructifs permettent de comprendre que la conception kuhnienne de l'activité scientifique s'éloigne du schéma falsificationniste. À mesure que nous avancerons, nous verrons à quel point la science normale dissipe les crises entre les chercheurs. La communauté scientifique fait certes face à des anomalies, c'est-à-dire à des difficultés qui s'avèrent insurmontables à l'intérieur de la tradition de recherche établie, mais on observe une adhésion dogmatique des savants à un nouveau paradigme dominant. Ce nouveau

---

[317] T. S. Kuhn, *La structure des révolutions scientifiques, op. cit.*, p. 82.

[318] R. Nadeau, in « Un philosophe des sciences révolutionnaires », consulté le 26 mai 2009 dans le site : www.er.vq am. Ca/nobel/philuq am/dept/testes/Kuhn%20. Devoir.pdf.

paradigme ouvre de nouvelles perspectives, mais les chercheurs adoptent les modèles de ce nouveau succès. C'est dire qu'ils ne cherchent pas tant à tester indéfiniment les théories en vigueur. Kuhn le dit explicitement :

> *Une fois qu'elle a rang de paradigme, une théorie scientifique ne sera déclarée sans valeur que si une théorie concurrente est prête à prendre sa place. L'étude historique du développement scientifique ne révèle aucun processus ressemblant à la démarche méthodologique qui consiste à « falsifier » une théorie au moyen d'une comparaison directe avec la nature.*[319]

Chez le philosophe et sociologue des sciences américain, il y a des solutions acceptables et des valeurs ou modèles stables auxquels adhèrent les chercheurs. Cela se justifie par le fait qu'au cours d'une « *révolution* » scientifique, les anciennes idées ne sont pas nécessairement abandonnées, certaines équations ou théories ne sont pas mises de côté. En physique par exemple, le passage de l'électromagnétisme classique de Maxwell à l'électromagnétisme quantique n'a pas écarté le premier de ses paradigmes. On dirait qu'il y a comme des risques à s'écarter des sentiers battus. Comme l'a si bien écrit le physicien français Bernard d'Espagnat « *Que pourrions-nous faire sans les équations de Maxwell ? Nul physicien, même « quantique », n'irait jusqu'à dire qu'elles sont périmées.* »[320]

Ce qu'il faut également ajouter, c'est que rien n'oblige l'homme de science à rechercher inlassablement la vérité au moyen de la critique, puisque « *si l'humanité employait son temps à réfuter chaque théorie, la science n'existerait pas et l'humanité ne survivrait pas.* »[321] L'échec de Popper a consisté à « *plonger* » infiniment le chercheur dans des contradictions et incertitudes éternelles, alors que l'homme a

---

[319] T. S. Kuhn, *La Structure des révolutions scientifiques*, *op. cit.*, p. 114.
[320] B. D'Espagnat, *Un Atome de sagesse*, Paris, Seuil, 1982, p. 189.
[321] P. Jacob, *L'Empirisme logique*, *op. cit.*, p. 25.

besoin d'une certaine assurance ou « *certitude* » pour organiser sa vie et ses recherches.

De même, le falsificationnisme poppérien pèche par son extrême simplicité. Les disciples directs de Popper tels que Feyerabend, Kuhn ont retenu que l'approche poppérienne qui implique une « *simplicité excessive des théories scientifiques* »[322] ne correspond pas à la pratique scientifique réelle. L'anticonformisme de Kuhn fait valoir que ce n'est pas la critique qui est l'emblème de la science. L'« *histoire réelle* » de la pratique scientifique chez Kuhn est gouvernée par la trilogie paradigme-science normale- révolution scientifique. Pour lui, il existe un « *air de famille* », expression aux résonances fortement wittgensteiniennes, c'est-à-dire une période d'engagement ou d'acceptation des paradigmes entre les différents chercheurs. L'erreur de Popper, c'est d'avoir pensé que le progrès de la science consiste à falsifier une théorie « *au moyen d'une comparaison avec la nature* »[323].

Kuhn insiste quant à lui sur la nature fortement traditionnelle de la science normale. Pour ce disciple de Popper, l'histoire des sciences montre que les théories sont incommensurables et s'affrontent perpétuellement dans un champ libre.[324]

Contre le falsificationnisme, l'épistémologue américain propose une vision discontinuiste de la science. Il assume également les thèses relativistes. Il inverse le critère poppérien de la démarcation et s'oppose également à la thèse dominante en science, notamment au vérificationnisme[325]. Sa

---

[322]- D. Zaslausky, « Que peuvent apporter les faits linguistiques, l'analyse de l'argumentation et biologie ? », in Danon-Boileau.

[323]- T. S. Kuhn, *op. cit.*, p. 114.

[324] *Ibid.*

[325] Pour cerner la place qu'occupe le vérificationnisme dans l'édification de l'épistémologie contemporaine, on consultera l'ouvrage d'Etienne

définition de la vérité scientifique met l'accent sur le contexte social. Car « *il n'y a plus guère de philosophes des sciences qui cherchent encore des critères absolus pour la vérification des théories scientifiques.* »[326].

Son célèbre ouvrage *La structure des révolutions scientifiques* rompt avec l'idée que la critique est la principale caractéristique de la science. Ce qui illustre en outre le fait que Kuhn assume le relativisme, c'est l'idée que chaque savant travaille dans un cadre intellectuel propre s'inspirant du contexte de découverte (l'époque à laquelle prend naissance la théorie) et de l'appartenance idéologique du chercheur à tel ou tel groupe. Nous avons déjà observé que le déterminisme de la science chez Popper se justifie par la structure audacieuse des théories scientifiques qui s'édifient en quelque sorte sur l'illusion du savoir. On sait en outre que pour Popper, elles s'édifient en quelque sorte sur un marécage. Elle est une construction bâtie sur « *pilotis* ». Ainsi, il n'est pas possible de fonder la science sur des bases fermes ou définitives. Thomas Kuhn va dans le même sens lorsqu'il avoue que les crises qui affectent un paradigme scientifique n'ont aucun caractère absolu. « *Aucun paradigme accepté comme base de recherche scientifique ne résout jamais complètement tous ses problèmes.* »[327] Dans l'optique kuhnienne, les scientifiques ont toujours mis à mal les paradigmes dominants, ceci à cause de la simplicité de la théorie, de la variété des observations, des confirmations empiriques des données, de la personnalité du chercheur, du but politique, de la faveur économique et des intrigues du chercheur. Kuhn rejoint ainsi son ami Feyerabend pour qui le développement des sciences s'enrichit des considérations exogènes ou extérieures à la pratique scientifique. Pour ces

---

Bébbé-Njoh, *La Rationalité scientifique aujourd'hui*, Paris, L'Harmattan, 2014.

[326] T.S. Kuhn, *La Structure des révolutions scientifiques*, p. 200.

[327] *Ibid.*, 1983, p. 280.

deux hommes de science, la science n'est pas une entreprise transparente, encore moins le produit d'observations falsifiantes ou d'une plus grande cohérence théorique. Dès lors, « *le sentiment que la nouvelle proposition est dans la bonne voie, et parfois ce sentiment dépend seulement des considérations esthétiques personnelles et informulées.* »[328]

Ces remarques suggèrent inévitablement que l'entreprise scientifique est innovatrice, qu'elle est un saut dans l'inconnu. De ce fait, l'explication scientifique objective devient un mythe et la relativité du monde doit être perçue sous l'angle de l'irrationnel, bien que Kuhn récuse cette étiquette. La nouveauté scientifique qui s'instaure dépendrait du regard de l'observateur au moment où il le perçoit, de ses convictions et intérêts personnels. Il conviendrait alors d'intégrer l'interprétation métaphysique ou mystique dans l'édifice de la science. Feyerabend montre particulièrement à cet effet comment Galilée parvient à faire adopter l'idée que les phénomènes observés au télescope sont des preuves indépendantes de Copernic. En effet, selon la théorie copernicienne, Mars et Venus s'approchent et s'éloignent de la Terre selon un rapport de 1 à 6 et de 1 à 8 respectivement. Feyerabend précise que ce sont les chiffres de Galilée. Et pourtant, poursuit l'auteur de *Tuer le temps*, Mars varie très peu et la variation d'éclat de Vénus « « *est presque imperceptible* » *et ces expériences* « *contredisent ouvertement le mouvement annuel de la terre.* » [329] Le télescope, quant à lui, produit des phénomènes nouveaux et étranges. Quelques-uns ont un caractère illusoire et sont démontrables par l'observation à l'œil nu. D'autres par contre sont contradictoires. Galilée a en effet montré que des phénomènes télescopiques, notamment la variation télescopique de la brillance des planètes, s'accordent mieux

---

[328] *Ibid.*, p. 217.
[329] P. Feyerabend, *Contre la méthode*, *op. cit.*, p. 152.

avec Copernic que ne le font les résultats de l'observation à l'œil nu. « *Vu au télescope, Mars change effectivement comme il devrait le faire selon la conception de Copernic.* »[330] Mais la question fondamentale demeure : Comment Galilée parvient-il à se démarquer de Copernic ? Use-t-il des considérations ultra logiques pour démontrer les lacunes de la doctrine de Copernic ?

Feyerabend répond que « *Galilée l'emporte grâce à son style, à la subtilité de son art de persuasion, il l'emporte parce qu'il écrit en italien et non en latin, enfin parce qu'il attire ceux qui, par tempérament, sont opposés aux idées anciennes et aux principes d'enseignement qui y sont attachés.* »[331]

Dans ces conditions, Kuhn note que « *le choix d'un paradigme ne peut être imposé par aucune autorité supérieure à l'assentiment du groupe intéressé.* »[332] Ceci se justifie, car dans l'approche kuhnienne et feyerabendienne, « *le paradigme fait intervenir la cohérence des mythes et croyances, plutôt qu'une métaphysique à caractère démonstratif.* »[333] Chez Kuhn, les critères d'évaluation d'une théorie sont strictement psychologiques ou sociologiques. Il note que l'homme de science ne doit pas oublier qu'il y a une conversion « *mystique* » ou « religieuse » qui accompagne un paradigme à l'autre. Comme Popper, Kuhn opte pour le progrès du savoir, mais celui-ci doit être « *historique* ». Cette historicité ne signifie point une accumulation progressive vers plus de connaissances, plus de vérité. Chez Kuhn, le scientifique dogmatique qui travaille à l'intérieur d'un paradigme n'a pas de critère objectif. Les théories sont relativement immunisées contre la falsification. Finalement,

---

[330] *Ibid.*, p. 153.
[331] *Ibid.*, p. 152.
[332] T. S. Kuhn, *La Structure des révolutions scientifiques*, *op. cit.*, p. 136.
[333] A. Kremer-Marietti, *Ethique et épistémologie, op. cit.*, p. 191.

avec lui, « *il est difficile de trouver un autre critère (...), qui proclame si clairement qu'un domaine de recherche est devenu science.* »[334]

L'une des idées importantes du Kuhn « relativiste » est l'idée selon laquelle les faits sont toujours chargés de théorie. Critiquant Popper, Kuhn affirme que « *le fait scientifique et la théorie ne sont pas catégoriquement séparables, sauf peut-être dans une tradition particulière de pratique scientifique normale.* »[335] Ce qui l'aiguillonne en réalité, c'est la thèse de l'incommensurabilité des théories scientifiques qui part « *du principe qu'aucune théorie scientifique n'est plus vraie qu'une autre, parce qu'elle correspond à une vision du monde spécifique.* »[336]

Au total, la paradigmologie radicalise l'audace épistémologique proposée par Popper. À l'encontre de l'approche poppérienne marquée par la critique permanente, Kuhn opte pour une « *science normale* ». D'où notre propension à considérer Popper comme le promoteur des épistémologies critiques. Et comme on peut le constater, ces épistémologies critiques sont *in fine* plus proches du Wittgenstein de l'après-Tractatus. Sous ce rapport, et compte tenu du rapprochement des thèses de Popper avec celles du vérificationnisme, n'est-il pas loisible de conclure que Wittgenstein aura triomphé de son fossoyeur déclaré ?

---

[334] *Ibid.*, p. 180.

[335] T. S. Kuhn, *La Structure des révolutions scientifiques*, *op. cit.*, p. 25.

[336] P. Engelhardt, *L'homme mondial*, Paris, Imprimerie de France, 1996, p. 278.

CONCLUSION

La présente étude analyse l'évaluation de la théorie des propositions de Wittgenstein par Karl Popper. Ce dernier a exprimé sa hargne contre la positivité épistémologique de Wittgenstein, précisément la défense du vérificationnisme dans le *Tractatus logico-philosophicus* et la radicalisation de cette défense par le Cercle de Vienne. Les résultats obtenus au terme de l'étude révèlent que l'épistémologue autrichien Karl Raimund Popper a eu tort de se proclamer vainqueur de Ludwig Wittgenstein.

L'affrontement entre ces deux auteurs, confrontation qui se résume dans ce que des chercheurs ont appelé « l'affaire du tisonnier », vient remettre au goût du jour la nature même de l'activité philosophique. Aucun auteur ne devrait en réalité se considérer comme le détenteur d'un savoir absolu. Ceci nous rappelle les exigences fondatrices et fondamentales de l'école socratique, à laquelle il faudrait sans doute revenir, notamment eu égard à la fécondité du débat contradictoire.

Il s'agit donc de restaurer le blason de la philosophie, qui s'apparente parfois à un champ de ruines. Le « paradoxe de Wittgenstein » que Saul Kripke a débusqué dans les *Investigations Philosophiques* permet d'établir, de manière parodique, que le poppérisme n'a pas eu raison du wittgensteinisme. Notre soupçon de départ semble se confirmer : le post-poppérisme se réduit au néo-wittgensteinienne. En effet, l'adoption des jeux de langage a permis de relever que les énoncés en science, voire en logique n'ont aucun fondement certain puisqu'ils sont « imprévisibles ». Ce manque de clarté, Wittgenstein l'assume, au grand bénéfice des disciples de Popper.

Par ailleurs, en se proposant d'éliminer le vérificationnisme au profit du falsificationnisme, le poppérisme a fait le lit du relativisme cognitif qui hante le monde intellectuel aujourd'hui. Signalons avec Alain Boyer qu'il n'est pas toujours facile de lire Popper, de le comprendre. Néanmoins, en s'appuyant sur les textes et leurs enjeux, il est aisé de s'apercevoir que Popper est quelque peu sceptique, même s'il croit en la vérité, qu'il identifie le caractère « *inattendu* » d'un événement à une connaissance d'une « *faible probabilité* ». Il est aussi un partisan de « *l'audace intellectuelle* », ce qui justifie le fait que nous percevions en lui le promoteur de l'irrationalisme en philosophie des sciences.

En tant qu'épistémologue, Popper n'a cessé de s'opposer au durcissement néopositiviste. En assouplissant la frontière entre la science et la pseudoscience à travers son critère de démarcation, il a, sans doute malgré lui, légitimé la tolérance extrême qui a pour credo « à *chacun sa vérité* », et dont le sophiste Protagoras aura été l'un des célèbres défenseurs. Le pluralisme critique qu'il oppose au relativisme universel et au scepticisme a été radicalisé par ses disciples, à l'exemple de Paul Feyerabend, Thomas Sanders Kuhn. Ceux-ci vont à leur tour développer un libéralisme voire une tolérance épistémologique extrême.

Reste à souligner que même si l'un a triomphé de l'autre, dans l'ensemble leurs épistémologies contiennent paradoxalement les linéaments de l'anarchisme méthodologique et de l'anti-formalisme, qui débouchent tous sur l'irrationalisme. Sans doute sera-t-il opportun que des travaux ultérieurs se penchent sur cette homologie, surtout dans une Afrique qui fait face à un « déficit épistémal » profond, pour reprendre une expression heureuse d'Hubert Mono Ndjana.

BIBLIOGRAPHIE

Augustin, Saint, *Les Confessions*, trad. J. Trabucco, Paris, Garnier – Flammarion, paris, 1964

Aristote, *Métaphysique*, tome I, notes par J. Tricot, Paris, J. Vrin, 1986.

Ayissi, Lucien, - *Le positivisme de Hume. Prolégomènes à l'épistémologie positiviste*, Thèse de Doctorat d'Etat en philosophie soutenue à l'Université de Yaoundé I en aout 2005.

- *Penser les représentations*, Paris, L'Harmattan, 2014.

Barberousse, Annouk, *L'expérience*, Paris, Editions Garnier Flammarion, 1999.

Bartley III, Walt Whilem, *Wittgenstein, une vie*, Paris, Complexe, 1978.

Bébbé-Njoh, Etienne, - *« Mentalité africaine » et problématique du développement*, Paris, L'Harmattan, 2003.

- *La Rationalité scientifique aujourd'hui*, Paris, L'Harmattan, 2014.

Boyer, Alain, *Introduction à la lecture de Karl Popper*, Paris, Presses de l'École normale supérieure, 1994

Carnap, Rudolph, *L'ancienne et la nouvelle logique*, trad. Du général Ernest Vouillermin, revue et mise à jour par l'auteur, introduction de Marcel Boll, Paris, Hermann et Cie, 1933.

Chalmers, Alan, in *Qu'est-ce que la science ? Récents développements en philosophie des sciences : Popper, Kuhn, Lakatos, Feyerabend*, trad. de Michel Biezunski, Paris, La Découverte, 1987.

Chauviré, Christiane, *Peirce et la signification : introduction à la logique du vague,* Paris, PUF, 1995.

Chevalier, Jacques, *Histoire de la pensée*, tome 4 : *La pensée moderne de Hegel à Bergson*, Paris, Flammarion, 1966.

Cometti, J.P. *Philosopher avec Wittgenstein*, Paris, PUF, 1996.

D'Espagnat, Bernard, *Un atome de sagesse*, Paris, Seuil, 1982.

Duhem, Pierre, *La théorie physique, son objet, sa structure*, Paris, J. Vrin, 1989.

Durozoi, Gérard et Roussell, André, *Dictionnaire de la philosophie*, Paris, Nathan, 1997.

Granger, G. Gaston, - *Invitation à la lecture de Wittgenstein*, Aix-en-Provence, Editions- Alinéa, 1990.

- *La science et les* sciences, Paris, PUF, Collection, Que sais-je ?, 1993.
- *Ludwig Wittgenstein* , Paris, Seghers, 1969.
- « Peut-on assigner des frontières à la connaissance scientifique ? », in *Fundamenta scientia*, 1982, vol. 3, N°1, Pergamon Press, pp. 9-19.

Engelhardt, Pierre, *L'homme mondial*, Paris, Imprimerie France, 1996.

Feyerabend, Karl Paul, *Problems of Empiricism*, Cambridge, Cambridge University Press, 1981.

- « Comment être un bon empiriste. Plaidoyer en faveur de la tolérance en matière épistémologique », in *De vienne à Cambridge* (Sous la direction de Pierre Jacob), pp. 296-299..

- C*ontre la méthode*, trad. de Baudoin Jurdant et Agnes Schlumberger, Paris, Editions du Seuil, 1975.

Gueroult, Martial, « Le problème de la légitimité de l'histoire de la philosophie », in *La philosophie de l'histoire*, Paris, Vrin, 1956.

Hottois, Gilbert, *Penser la Logique*, Bruxelles, De Boeck Université, 1994.

- *Traité de la nature humaine*, trad. Préface et notes, André Leroy, Paris, Aubier Montaigne, t. 1, 1973.

Hume, David, *Enquête sur l'entendement humain* (1748), trad. À Leroy, Paris, Garnier-Flammarion, 1983.

Irène Brudny, Michelle, *Karl Popper, un philosophe heureux. Essai de biographie intellectuelle,* Editions Grasset Fasquelle, Paris, 2002.

Jacob, Pierre, *L'empirisme logique*, Paris, Editions de Minuit, collection « Propositions », 1980.

Kant, Emmanuel, *Prolégomènes à toute métaphysique future qui pourra se présenter comme science*, traduit de l'allemand par J. Gibelin, Paris, J. Vrin, 9e édition, 1974.

Kuhn, Thomas S., *La structure des révolutions scientifiques,* trad. Laure Meyer, Paris, Flammarion, 1983.

Kripke, Saul, « Où se trouvent les règles ? », *Archives de Philosophie*, numéro spécial « Wittgenstein (1889 – 1951) », juillet -septembre 2001, tome 64, cahier 3.

Kremer-Marietti Angèle, - *Ethique et épistémologie autour du livre Impostures intellectuelles de Sokal et Bricmont,* Paris, L'Harmattan, 2001.

- « L'épistémologie en crise », cf. l'épistémologie %20 en crise%20 Angèle 20 Kremer%20 Marietti … consulté le 11/12/2007.

Kremer-Marietti Angèle, « Karl Popper et la crise de l'épistémologie » in File : //E : « %20. L'épistémologie %2 0 crise %20.

Lalande, André, *Vocabulaire technique et critique de la philosophie*, Volume 2, Paris, PUF, édition de 1999, p.608.

Ladrière, Jean, « Courants d'antiscience, causes et significations », dans *Science et Antiscience (*sous la direction de Jean-Louis Monneron), Paris, Le Centurion, 1981.

Laugier, Sandra, « Où se trouvent les règles ? », in *Archives de Philosophie,* numéro spécial « Wittgenstein (1889 – 1951) », juillet -septembre 2001, tome 64, cahier 3.

Le Moigne, J. Louis, *Le constructivisme. Epistémologie de l'interdisciplinarité,* tome 2, Paris, L'Harmattan, 2002.

Lecourt, Dominique, *L'ordre et les jeux. Le positivisme logique en question*, Paris, Editions Grasset, 1981.

Levy Bruhl, Lucien, Préface aux *Œuvres philosophes choisies*, (1912), ouvrage traduit de l'anglais par Maxime David, t. 1 : *Traité de la nature humaine*, Paris, Félix-Alcan, Nouvelle édition, 1930.

Locke, John, - *Essai philosophique concernant l'entendement humain*, trad. M.Coste, 5e édition, édité par Emilienne Naert, Paris, J.Vrin, 1989.

- *Essai concernant l'entendement humain*, trad. fr. Jean-Pierre Jackson, Paris, Editions Alive, 2001.

Longshaw Austin, J., *Quand dire, c'est faire*, Paris, Seuil, 1991.

Malolo Dissake, Emmanuel, « L'objectivité pureté, le Cercle de Vienne et son opposition officielle », in La revue philosophique africaine *Maât*, 2e année, 2 janvier 2002, pp. 65-94.

Malherbe, Jean. François, La *philosophie de Karl Popper et le positivisme logique,* Paris, Namur, 1979.

Mondoué, Roger, « La refondation de la logique moderne dans le Tractatus logico-philosophicus de Ludwig

Wittgenstein », in *Kaliao*, Revue de l'Université de Maroua, Maroua, 2010.

Morin, Edgar, *La méthode3. La connaissance de la connaissance*, t 1, Paris, Seuil, 1986.

Nadeau, René, - « Un philosophe des sciences révolutionnaires », consulté le 26 mai 2009 dans le site : www.er.vq am. Ca/nobel/philuq am/dept/testes/Kuhn%20.Devoir.pdf.

- « À la mémoire de Karl Popper, 1902-1994 », publié initialement dans le Bulletin de la S.P.Q, vol 20, N° 3, automne 1994, pp. 35-39. Cf. V. drp. chez Alice. Fr/Popper_Nadeau.pdfr, consulté le 29 mars 2009.

Newton-Smith, W. H, *The Rationality of Science*, London, Routledge and Reagan Paul, 1981.

Ndzomo-Molé, Joseph, *Penser avec Descartes*, Paris, L'Harmattan, 2013.

Noorwood, Russell Hanson, *Modèles de la découverte*, traduction et présentation d'Emboussi Nyano, Paris, Editions Dianoïa/Chennevrières sur Marne, 2001.

Popper, Karl. Raimund, - *La logique de la découverte scientifique (1934),* trad.fr Philippe Devaux et Nicole Thyssen-Rytten, Paris, 1973.

- *La société ouverte et ses ennemis (1966),* tome 2 : Hegel et Marx, trad. Jacqueline Bernard et Philippe Monod, Paris, Editions du Seuil, 1979.

- *Conjectures et réfutations, La croissance du savoir* (1962), trad.fr par Michelle-Irène et Marc de Launay, Paris, 1985.

- *Misère de l'historicisme*, trad. Renée Bouveresse, Paris, Editions Presses Pocket, 1988.

- *La quête inachevée (*1974). Autobiographie intellectuelle, trad. Renée Bouveresse, Presse Pocket, 1988.

- *Les deux problèmes fondamentaux de la théorie de la connaissance,* trad. fr. Christian Bonnet, Edition Hermann, Paris, 1999.

- *A. La recherche d'un monde meilleur (1984). Essais et Conférences,* trad. fr Jean-Luc Evard et préface de Jean Baudouin, Anatolia, Paris, Editions du Rocher, 2000.

- *L'Univers irrésolu. Plaidoyer pour l'indéterminisme*, trad. de Renée Bouveresse, Paris, Hermann, 1984.

Quillot-Bouveresse, René, - *Karl Popper ou Le rationalisme critique*, Paris, J. Vrin, 1998.

- *L'Empirisme anglais, Locke, Berkeley, Hume*, Paris, PUF, Collection « Que sais-je ? », 1997.

Russell Bertrand, - *My philosophical Development*, London, George Allen et Unwin & Brothers, 1959.

- *Histoire de mes idées philosophiques*, trad. De Georges Auclair, Paris, Gallimard, 1961.

- *Signification et vérité,* trad. de l'anglais par Philippe Devaux, Paris, Flammarion, 1962.

- *Ma conception du monde*, Gallimard, trad. de l'anglais par Louis Evrard, 1962.

- *La méthode scientifique en philosophie, notre connaissance du monde extérieur*, trad. de Philippe Devaux, Paris, Payot, 1971.

- *Our knowledge of the external word,* London, George Allen and Unwin & Brothers, 6e édition, 1972.

- *Ecrits de logique philosophique*, Paris, PUF, 1989.

Rossi, Jean-Gérard, *La philosophie analytique*, Paris, PUF, Collection« Que sais-je ? », 1989.

Schmitz, François, *Wittgenstein et la philosophie des mathématiques*, Paris, PUF, 1988.

Sokal, Alain et J. Bricmont, *Impostures intellectuelles*, Paris, Editions Odile Jacob, 1997, p. 106.

Sebestik, Jan et Soulez, Antonia (textes réunis et présentés par), *Le Cercle de Vienne, doctrines et controverses*, Collection « Epistémologie », 1986.

Sorman, Guy, *Les vrais penseurs de notre temps*, Paris, Fayard, 1989.

Soulez, Antonia et al, *Manifeste du Cercle de Vienne et autres écrits*, Paris, PUF, Collection « Philosophie d'aujourd'hui », 1985.

Stuart Mill, John, *Système de logique déductive et inductive. Exposé des principes de la preuve et des méthodes de recherche scientifique*, trad. L. Peisse, Paris, P. Mardaga, tome1, 1988.

Wittgenstein, Ludwig, - *Tractatus logico-philosophicus(1918),* suivi de *Investigations Philosophiques (1948),* trad. p. Klossowski, Paris, Gallimard, 1961, 364p

- *Carnets* (1914 – 1918), *suivis de Notes sur la logique* (Sept. 1913), de *Notes dictées à G.E. Moore*_(avril 1914) et de *Extraits des lettres de Wittgenstein à Russell* (1912 – 1920), trad. G.G. Granger, Paris, Gallimard, 1971.
- *Leçons et Conversations, suivies de Conférences sur l'Ethique* (1938 – 1946), trad. J. Fauve, Paris, Gallimard, 1971.
- *Le cahier Bleu* (1933 – 1934) et *Le Cahier Brun* (1934 – 1935), trad. G. Durand, Paris, Gallimard, 1965.

- *Conversations avec le Cercle de Vienne* , d'après les notes de F. Waismann (1929 – 1931), trad. G. Granel, Paris, Gallimard, 1991.

- *Fiches* (1929 – 1948), trad. J. Fauve, Paris, Gallimard, 1970.

- *De la Certitude* (1951), trad. J. Fauve, Paris, Gallimard, 1976.

- *Remarques philosophiques* (1930), trad. J. Fauve, Paris, Gallimard, 1975.

- *Grammaire philosophique* (1930), trad. M. A. Lescourret, Paris, Gallimard, 1980.

- *Remarques sur les Fondements des Mathématiques* (1937-1944), trad. M. A. Lescourret, Paris, Gallimard, 1983.

- *Remarques sur les couleurs* (1931-1938), trad. G. Granel, Paris, Ter, 1984.

- *Remarques mêlées* (1938), trad. G. Granel, Paris, Ter, 1984.

- *Etudes préparatoires à la 2ème partie des Recherches philosophiques* (1943), trad. G. Granel, Paris, Ter, 1985.

- *Quelques Remarques sur la Forme Logique* (1929), trad. E. Rigal, Paris, Ter, 1985.

- *Wittgenstein's Lectures* (1930 – 1932), D. Lee (éd.), Oxford, Basil Blackwell, 1980.

- *Wittgenstein's Lectures* (1932 – 1935), A. Ambrose (éd.), Oxford, basil Blackwell, 1982.

- *Wittgenstein's Lectures on the Foundations of Mathematics* (1938), Cambridge, 1939, C. Diamond (éd.), Sussex, The Harvester Press, 1976.

- *Remarques sur la philosophie de la psychologie* (1940), trad. G. Granel, Paris, Ter, 1989.

- *Philosophical Occasions 1912-1951*, édité par James C. Klagge et Alfred Norman, Hacket, Indianapolis et Cambridge, 1993.

- *Wittgenstein and the Vienna Circle*, édité par Brian Mc Guinness, Oxford, Basil Blackwell, 1983.

- *Leçons sur la liberté de la volonté* (1949), trad. A. Soulez, *suivies de Essai sur le libre jeu de le la volonté*, par A Soulez, Paris, PUF, 1996.

INDEX DES CONCEPTS

INDEX DES NOMS PROPRES

TABLE DES MATIÈRES

Philosophie
aux éditions L'Harmattan

Dernières parutions

ÉCONOMIE (L') À LA LUMIÈRE DES PHILOSOPHES
Eyene Mba Jean-Rodrigue-Elisée
Ce livre permet de comprendre que les tentatives des économistes contemporains pour disqualifier la philosophie du processus d'élaboration des modèles, des lois et des principes économiques sont vouées à l'échec. Elles omettent souvent le dénominateur commun de l'économie et de la philosophie : l'épanouissement de l'homme, le maintien de l'équilibre social. Les problèmes que traitent les philosophes relèvent du domaine de la vie pratique de la société dont l'économie n'est qu'un des éléments constitutifs.
(Coll. Philosopher en Afrique, 15.50 euros, 152 p.)
ISBN : 978-2-336-30160-0, ISBN EBOOK : 978-2-296-53723-1

GILLES DELEUZE : PHILOSOPHIE ET LITTÉRATURE
Pombo Nabais Catarina - Préface de Jacques Rancière
Cet ouvrage aide à pénétrer une pensée complexe, et tente de rendre Deleuze accessible. L'auteur a pu définir un accès sensible et raisonné à l'un de ces points privilégiés où la philosophie deleuzienne se construit hors d'elle-même en investissant un espace «non philosophique», celui de la littérature. Il ne peut être question de résumer un travail qui s'attache à suivre, à travers l'analyse fine de quelques singularités, toutes les transformations de la pensée deleuzienne de l'expérimentation littéraire, entendue comme expérimentation de vie.
(Coll. La philosophie en commun, 49.00 euros, 526 p.)
ISBN : 978-2-343-00949-0, ISBN EBOOK : 978-2-296-53833-7

EROS ET INFINI (Tome I)
Le monde, le sujet, le sens
Bailly Jean Jacques
Cet ouvrage constitue la première partie d'*Éros et Infini, Éthique de la temporalité*. L'auteur entreprend une philosophie de l'évènement, de la nouveauté et du sens, de l'éros et du désir, soutenue par une compréhension du temps comme retrait créateur. La confrontation aux grands maîtres conduit à de nouvelles interprétations des grandes questions philosophiques. Ce tome I traite de l'expérience du monde, de la question du sujet, ainsi que de l'origine du sens et de l'éros de l'interprétation.
(Coll. Ouverture Philosophique, 24.00 euros, 228 p.)
ISBN : 978-2-343-00462-4, ISBN EBOOK : 978-2-296-53845-0

EROS ET INFINI (Tome II)
Le sens, le signe, l'éros du bien et du mal
Bailly Jean Jacques
Cet ouvrage constitue le tome II de *Éros et Infini, Éthique de la temporalité*. L'auteur y poursuit sa philosophie de l'évènement, de la nouveauté et du sens, de l'éros et du désir centrée sur l'expérience temporelle du monde. Les questions philosophiques fondamentales sont revisitées. Ce tome II aborde les formes de jouissances et de catharsis du sujet, approfondit la réflexion sur les limites et les configurations du monde, le langage et les signes, et l'enracinement érotique du bien et du mal.
(Coll. Ouverture Philosophique, 22.50 euros, 216 p.)
ISBN : 978-2-343-00499-0, ISBN EBOOK : 978-2-296-53846-7

NOUVELLE AVANT-GARDE (LA)
Vers un changement de culture
Sous la direction de Carine Dartiguepeyrou
La vision du monde postmoderne a beaucoup apporté en déconstruisant la modernité pour mettre en avant des valeurs postmatérialistes et une société plurielle. La nouvelle avant-garde n'est pas seulement une pensée : c'est une culture, une communauté de valeurs et de quête, le fruit d'une intuition collective qui rassemble des personnes de tous horizons autour d'un respect profond pour le vivant, de la conscience que nous ne connaissons qu'une part infime de l'univers.
(Coll. Avant-garde, 19.00 euros, 196 p.)
ISBN : 978-2-343-00822-6, ISBN EBOOK : 978-2-296-53858-0

UN MONDE PARFAIT. GÉOGRAPHIES DE L'AMÉRIQUE IMAGINAIRE
Magliacane Alessia
En vingt-deux chapitres ponctués d'éléments géographiques, minéralogiques, urbains, topographiques, l'auteur reconstruit un contre-scénario de la culture postcapitaliste en suivant une route de l'imaginaire nord-américain suspendue entre l'incessante demande d'émancipation politique, culturelle, raciale, de genre et les terribles rechutes sociales, économiques, symboliques et symptomatiques.
(Coll. Ouverture Philosophique, série Arts vivants, 25.00 euros, 246 p.)
ISBN : 978-2-343-00173-9, ISBN EBOOK : 978-2-296-53963-1

RENÉ SCHÉRER
ou la parole hospitalière
Sous la direction de Cany Bruno, Robveille Yolande
De tous les professeurs ayant participé à l'expérience vincennoise, René Schérer apparaît comme le philosophe hospitalier par excellence, c'est-à-dire celui qui invite à philosopher ensemble dans une communauté de réflexion et de discussion. Mais ce recueil rappelle que la communauté homogène est impossible, fantasmatique du seul fait que l'homogène est la destruction de la communauté. C'est pourquoi le philosophe hospitalier convie à une «communauté de singularités» constituée par la diversité et la pluralité.
(14.50 euros, 146 p.)
ISBN : 978-2-336-29899-3, ISBN EBOOK : 978-2-296-53809-2

POUR UNE ANTHROPOBIOLOGIE PHILOSOPHIQUE DU DÉSIR – Désir et consensus

Nzigou-Moussavou Alain

Moteur essentiel de sa vie mentale et psychique, le désir permet à l'homme de s'orienter dans le monde. Exister pour l'homme, c'est exister comme être de désir. Toutes ses connaissances et ses institutions sont ainsi ramenées à de pures et simples projections pulsionnelles. Voici tentée ici l'entreprise inédite de reconstruction anthropologique du désir.

(Coll. Pensée Africaine, 40.00 euros, 416 p.)

ISBN : 978-2-336-00731-1, ISBN EBOOK : 978-2-296-53951-8

MERLEAU-PONTY
Face aux défis du monde contemporain – Corporéité et solidarité

Mpuku Félicien Laku

Merleau-Ponty n'a jamais explicitement développé une pensée de la solidarité et aucun de ses commentateurs ne s'est attaché à interpréter sa philosophie sous cet angle. La pensée de Merleau-Ponty inclut des possibilités qui débordent ce qu'il a effectivement dit et écrit. Cet ouvrage découvre que notre conscience est d'emblée dans un corps et dans une situation vécue, et que, avant toute prise de conscience de son existence personnelle, l'être humain coexiste. Cette « existence-avec » est fondamentalement une co-présence des êtres corporels.

(Coll. Pensée Africaine, 31.00 euros, 304 p.)

ISBN : 978-2-343-00058-9, ISBN EBOOK : 978-2-296-53797-2

SOLITAIRE (LE) DES ALPES
Ou la vérité religieuse devant la raison

Yermolof Michel - Édition préparée par François Heidsieck
Préface de Gérard Perrin-Gourron

Michel Yermoloff (1794-1870), homme très cultivé et orthodoxe de naissance, se convertira au catholicisme à 61 ans. Sans se contenter d'une démarche ecclésiale, il entend développer, discuter l'essentiel de sa foi. Dans ce véritable ouvrage d'apologétique rédigé sous forme de dix «Conversations», les Dialogues de ce Général fournissent un témoignage précieux du climat intellectuel de l'époque à travers des développements des thèmes pérennes de la philosophie et de la religion.

(Coll. Ouverture Philosophique, 22.50 euros, 216 p.)

ISBN : 978-2-296-99853-7, ISBN EBOOK : 978-2-296-53715-6

AU-DELÀ DE LA PENSÉE
Être et paraître

Andrieu Gilbert

Les mots ne sont qu'un pâle reflet de la réalité. Ils construisent l'homme, qui croit n'être que ce qu'il dit. Il en est de même de la pensée, qui ne peut dépasser un paraître dont nous ne soupçonnons pas les limites. Penser n'est certainement pas le propre de l'homme et rien ne nous dit que la pensée cesse d'exister après la mort. En cherchant à mieux comprendre l'amour et la mort, il est possible de saisir une origine de la pensée qui s'enracine dans la matière.

(23.00 euros, 230 p.)

ISBN : 978-2-343-00361-0, ISBN EBOOK : 978-2-296-53794-1

DEMI-DIEUX (LES)
Les enseignements cachés de la mythologie grecque
Andrieu Gilbert
Nous nous comportons souvent comme ces demi-dieux qui meurent devant Thèbes et devant Troie ou plus largement en recherchant une Toison d'or. Il est probable que nous puissions terrasser le Minotaure qui est en nous, mais il ne faudrait pas se comporter comme Thésée si nous voulons découvrir la Vérité. Si Héraclès reste le symbole de nos luttes permanentes pour échapper à notre destin, faut-il s'efforcer de lui ressembler ? Que représentent les demi-dieux encore aujourd'hui ?
(23.50 euros, 236 p.)
ISBN : 978-2-336-29361-5, ISBN EBOOK : 978-2-296-53795-8

POUR PENSER L'ÉDUCATION
Fullat i Genis Octavi
Traduit et adapté de l'espagnol par Mònica Guerrero-Rosset, avec la collaboration d'Anne-Marie Drouin-Hans
Octavi Fullat i Genís expose la structure fondamentale d'une anthropologie dualiste, dans laquelle prend sens un modèle d'éducation libératrice. Présentant la signification d'une anthropologie pédagogique, dans le cadre de l'anthropologie philosophique, le lecteur est invité à réfléchir sur la nature des savoirs sur l'éducation. Cet essai est construit par un discours philosophique, dans lequel O. Fullat utilise souvent la dérision et l'ironie, afin de signifier son positionnement au regard de la liberté et de l'éducation morale.
(Coll. La philosophie en commun, 16.50 euros, 156 p.)
ISBN : 978-2-336-29312-7, ISBN EBOOK : 978-2-296-53866-5

SARTRE ET BENNY LEVY
Une amitié intellectuelle, du maoïsme triomphant au crépuscule de la révolution
Repaire Sébastien - Préface de Jean-François Sirinelli
Mars 1980. Une série d'entretiens publiés par le *Nouvel Observateur* fait scandale. Jean-Paul Sartre, un mois avant sa mort, y révoque des pans entiers de son œuvre, dénigrant la notion d'angoisse et reléguant l'athéisme pour s'intéresser au messianisme juif et à la résurrection des corps. Face à lui, son dernier secrétaire, Benny Lévy. Accusé par Simone de Beauvoir de manipuler Sartre, Benny Lévy offre à l'écrivain une dernière occasion de revisiter son œuvre.
(Coll. Questions contemporaines, 25.00 euros, 260 p.)
ISBN : 978-2-343-00632-1, ISBN EBOOK : 978-2-296-53679-1

L'HARMATTAN ITALIA
Via Degli Artisti 15; 10124 Torino

L'HARMATTAN HONGRIE
Könyvesbolt ; Kossuth L. u. 14-16
1053 Budapest

L'HARMATTAN KINSHASA
185, avenue Nyangwe
Commune de Lingwala
Kinshasa, R.D. Congo
(00243) 998697603 ou (00243) 999229662

L'HARMATTAN CONGO
67, av. E. P. Lumumba
Bât. – Congo Pharmacie (Bib. Nat.)
BP2874 Brazzaville
harmattan.congo@yahoo.fr

L'HARMATTAN GUINÉE
Almamya Rue KA 028, en face du restaurant Le Cèdre
OKB agency BP 3470 Conakry
(00224) 60 20 85 08
harmattanguinee@yahoo.fr

L'HARMATTAN CAMEROUN
BP 11486
Face à la SNI, immeuble Don Bosco
Yaoundé
(00237) 99 76 61 66
harmattancam@yahoo.fr

L'HARMATTAN CÔTE D'IVOIRE
Résidence Karl / cité des arts
Abidjan-Cocody 03 BP 1588 Abidjan 03
(00225) 05 77 87 31
etien_nda@yahoo.fr

L'HARMATTAN MAURITANIE
Espace El Kettab du livre francophone
N° 472 avenue du Palais des Congrès
BP 316 Nouakchott
(00222) 63 25 980

L'HARMATTAN SÉNÉGAL
10 VDN en face Mermoz, après le pont de Fann
BP 45034 Dakar Fann
33 825 98 58 / 33 860 9858
senharmattan@gmail.com / senlibraire@gmail.com
www.harmattansenegal.com

L'HARMATTAN BÉNIN
ISOR-BENIN
01 BP 359 COTONOU-RP
Quartier Gbèdjromèdé,
Rue Agbélenco, Lot 1247 I
Tél : 00 229 21 32 53 79
christian_dablaka123@yahoo.fr

613682 - Juillet 2015
Achevé d'imprimer par

1livre.com

du rêve à la réalité !